Nouvelle
Grammaire
Française

C. R. *NGF*. U. O.

Editions ASAHI

ま え が き

　1970 年代に編まれて好評を博した赤木昭三・伊地知均・岡野輝男著『フランス語文法』，俗に言う「阪大文法」が品切れになって久しく，本格的な文法の教科書も少なくなったと言って，その書を求める声が多い．新版のようなものを作ってもらえないかと，その書を出版した朝日出版社の鶴川陽子さんから，会うたびに催促された．たしかに近頃は会話中心のフランスの日常に即した教科書が多く，それはそれで意義のあることに違いないけれど，外国語を学ぶ本質は，その国の文物をいっそう良く知ることにあるだろう．直接見聞きすることに加えて，書物から学べば鬼に金棒というものである．会話にしたところが，Bonjour！Au revoir！だけではこと足りない．やはり基本的なフランス語の枠組みを知ることによって，自信もつくし，勇気も湧く．少しは骨のある文章もよんでみたいという大学生は，案外多いのではないか．

　恩師，先輩が力を尽くされたものを新しく作り直すのはどうかとためらわれたが，教え子や後輩たちが想を錬ってその後を継ぐことができ，現在のフランス語教育に何らかの役割を果たせたらそれにこしたことはない．そう考えて大阪大学の同僚に諮ると，たちまち賛同がえられた．この教科書は大阪大学でフランス語フランス文学にたずさわる日本人の専任教員の全員が，それぞれ担当を決めて，何度も論議してできあがった．およそ3年，数十度の会議でやりこめられたり，やりこめたり，なるほどと感心したり，じつに楽しい経験をみんながした．

　この教科書を作るにあたって，私たちが編集の方針としたものは，

1.　1年間の授業で一通りフランス文法の全体を理解させる．
2.　用例，文法事項の説明は簡潔・平易を旨とし，例文は現代フランス語を主として，できるかぎり日本語として自然な訳文をつける．
3.　文法事項の説明はわかりやすさを旨とするが，従来の枠組みにとらわれず，新しい考え方も取り入れて，フランス語をできるだけ立体的に捉える工夫をする．説明が足らない部分は囲み記事で補う．
4.　動詞の活用の型，その他授業の進行によって取捨できるものについては appendice におく．

である．果たしてその方針どおりできあがったか，どうか．使用して下さる先生方や学生諸君の意に適うものになっていることをひたすら念じ，今後ともよりよい教科書にすべく，さらに努力していきたい．ご意見，ご批評を私どもにぜひお寄せいただきたい．

　いずれの課も全員の真剣な共同討議を経ていることは前述の通りだが，さらに前大阪大学言語文化部外国人教師ブリュノ・バニュウヴェンヌイズ Bruno VANNIEUWENHUYSE 氏にも閲読していただいた．毎回の編集会議に東京から参加して貴重な意見を下さった現編集者の河合美和さんには感謝の言葉を知らない．

2002 年 9 月 1 日　　執筆者を代表して　　柏木　隆雄

四 訂 版 ま え が き

　大阪大学大学院言語文化研究科言語文化専攻（当時），ならびに文学研究科（当時）のフランス語フランス文学関係の日本人スタッフ全員の協力のもとに 2003 年に出版された『新・フランス語文法』は，幸いにも本格的な文法の教科書として好評を得ることができ，これまでに多くの方々に使っていただきました．

　2006 年には練習問題を全面的に入れ替える改訂を行い，また 2012 年には全面的な改訂を行いました．その後 2017 年にも，2012 年の時ほどの全面改訂ではありませんが，説明，例文，練習問題すべてを見直す改訂を行いました．それから 5 年後，今回の改訂により『新・フランス語文法』も四訂版となりました．今回の改訂は前回の 2017 年の改訂と同じ方針で行いました．従来の版では疑問副詞を用いる疑問文の説明を 15 課で行ってきましたが，この内容はコミュニケーションの授業では初めの方から頻出することを踏まえて，今回の改訂で 5 課に移しました．説明の部分はこれまでの数回にわたる改訂ですでに十分洗練されているとの認識の下，すべて見直しは行いましたが結果的には改訂は小規模なものとなっています．練習問題はすべての課で少なくとも半分以上を新しい問題に入れ替えました．例文についてもすべて見直しを行い，説明の趣旨がよりよく伝わるような例文に差し替えた箇所もあります．また，従来の版の例文では登場するフランス語圏の人物の名前として Marie, Paul, Jean が頻出していたのですが，今回の改訂で校閲のフランス人の先生方のアドバイスもいただき，Emma, Louise, Lucas など現在フランスで人気のある名前を用いるように改めました．今回の改訂では，校閲をご担当いただいた大阪大学人文学研究科特任准教授の Éric Avocat さんと Benjamin Salagnon さんにもフランス人スタッフという位置づけで正式に執筆グループに入っていただき，日本人スタッフが合議を重ねて原稿を作成しフランス人スタッフが校閲を担当する，という大枠はこれまでの改訂の時と同じながらも，初校校正の際の会議にフランス人スタッフも参加するなど，これまで以上に積極的に参画して頂きました．お二人は校閲について個別に詳しいディスカッションをして下さるなど，大変熱心に取り組んで下さいました．ここに心よりお礼を申し上げます．

　この四訂版においても，フランス語初級文法で学んでおくべき項目についてはしっかりと学べるようにという，当初の方針には全く変わりはありません．

　近年，往年の英文法の有名な参考書が文庫版で復刊されて好評を博したりなど，いわゆる「英文法復権」の流れがあると言われています．フランス語，英語に限らず，大学生以上の年代の人たちが外国語を学ぼうとする場合，小学生が学ぶのとは全く違って，大人の知性に照らしてその外国語の文法体系を学んで，その外国語のいわば全体像をまずつかむことが，習得には早道となることが再認識されてきているのでしょう．そうした意味でも，本書のようなスタイルの教科書の存在意義は大きいと改めて確信している所です．その一方で，これまでの版の「まえがき」でも語られていたことですが，大変残念ながら大学における第二外国語教育をめぐる環境はこれまでの版の「まえがき」が書かれた時に比べてもさらに一段と厳しさを増している状況です．そうした厳しい状況の中にあっても，フランス語を本格的に学びたい，また教えたいという思いに対して我々のこの教科書が少しでもお役に立てることを執筆者一同心から願っております．

2022 年 9 月 1 日　　執筆者を代表して　　三藤　博

大阪大学『新・フランス語文法』編纂部会
井元秀剛, 岡田友和, 篠原　学, 高橋克欣, 林　千宏, 三藤　博, 山上浩嗣, 渡辺貴規子,
Éric Avocat, Benjamin Salagnon

目次

音声はこちら

https://text.asahipress.com/free/french/ngf4/

Nouvelle Grammaire Française

文字と発音

1 発音

1. 母音

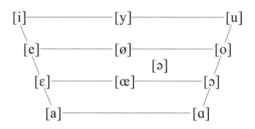

　　水平方向は舌の位置を示し，左方向へ進むと舌の位置は前に，右方向へ進むとその位置は後ろになる．垂直方向は口の開きを示し，上へ進むと口の開きは狭く，下へ進むと広くなる．

note [a] と [ɑ] の区別は意識されなくなっている．

2. 鼻母音

[ɛ̃]　　[œ̃]　　[ɑ̃]　　[ɔ̃]

　　それぞれ [ɛ] [œ] [ɑ] [ɔ] の口の形をしながら，息を鼻と口から同時に出して発音する．

note [œ̃] は今日では一般に [ɛ̃] と発音される．

3. 半母音

[j]　　[ɥ]　　[w]

　　単独で音節を作ることはなく，他の母音と結びついてあらわれる．それぞれ [i] [y] [u] に由来する．

4. 子音

[p]	[t]	[k]		[f]	[s]	[ʃ]				
[b]	[d]	[g]		[v]	[z]	[ʒ]		[m]	[n]	[ɲ]	[l]	[r]

2　アルファベット alphabet

A	a	[ɑ]	N	n	[ɛn]
B	b	[be]	O	o	[o]
C	c	[se]	P	p	[pe]
D	d	[de]	Q	q	[ky]
E	e	[ə]	R	r	[ɛːr]
F	f	[ɛf]	S	s	[ɛs]
G	g	[ʒe]	T	t	[te]
H	h	[aʃ]	U	u	[y]
I	i	[i]	V	v	[ve]
J	j	[ʒi]	W	w	[dubləve]
K	k	[ka]	X	x	[iks]
L	l	[ɛl]	Y	y	[igrɛk]
M	m	[ɛm]	Z	z	[zed]

3　綴り字記号

´	accent aigu	アクサン・テギュ	é
`	accent grave	アクサン・グラーヴ	è　à　ù
^	accent circonflexe	アクサン・シルコンフレクス	ê　â　û　ô　î
¨	tréma	トレマ	ë　ü　ï
¸	cédille	セディーユ	ç
'	apostrophe	アポストロフ	l'arbre
-	trait d'union	トレデュニオン（ハイフン）	rez-de-chaussée

4　綴り字の読み方

1. 単母音字

a, à	[a]	ami　table　déjà
a, â	[ɑ]	classe　âge

e	[無音]	madame　salade
	[ə]	petit　le
	[e]	et　nez
	[ɛ]	mer　avec

3

é	[e]	café cinéma
è, ê	[ɛ]	père tête
i, î, y	[i]	ici île type
o, ô	[o]	tôt stylo
o	[ɔ]	école mode
u, û	[y]	lune flûte

1-5

2. 複母音字

ai, ei	[ɛ]	air Seine

note1 まれに [e] と発音される：gai, quai, 未来形の活用語尾 -rai など

au, eau	[o, ɔ]	auto sauce château
eu, œu {	[ø]	bleu Europe
	[œ]	fleur sœur
ou	[u]	amour soupe
oi	[wa]	étoile mademoiselle

半母音

i, y＋母音字	[j-]	piano ciel
u＋母音字	[ɥ-]	nuit nuage
ou＋母音字	[w-]	oui ouest
母音間の y	[-j-]	crayon voyage

note2 1) 母音間の y は y＝i＋i と考える：voyage＝voi＋iage
2) トレマのついた母音は前の母音と切り離して発音する：égoïste, Noël

1-6

3. 母音字＋n, m（鼻母音）

an, am	[ɑ̃]	France jambe
en, em	[ɑ̃]	encore ensemble
in, im	[ɛ̃]	magasin important
yn, ym	[ɛ̃]	symbole symphonie
ain, aim	[ɛ̃]	pain faim
ein, eim	[ɛ̃]	peinture plein
un, um	[œ̃]	lundi brun
on, om	[ɔ̃]	chanson nom

ien	[jɛ̃]	bien	Parisien
	[jɑ̃]	science	expérience
oin	[wɛ̃]	point	besoin

note 1) -nn-, -mm- と二重になっている場合は一般に鼻母音にならない：

homme, femme, immédiat, ennemi, Parisienne

2) 語末の um は [ɔm] と発音する：album, maximum. ただし parfum [parfœ̃] だけ が例外.

1-7

4. 子音字

b	（一般に）	[b]	ballet	objet
	（s, t の前）	[p]	obstacle	absent
c	（e, i, y の前）	[s]	cinéma	célèbre
	（それ以外）	[k]	concours	culture
ç		[s]	leçon	garçon
ch	（一般に）	[ʃ]	chemin	Chopin
	（時に）	[k]	écho	technique
g	（e, i, y の前）	[ʒ]	geste	magique
	（それ以外）	[g]	gâteau	légume
ge	（a, o, u の前）	[ʒ]	Georges	bourgeois
gu	（e, i, y の前）	[g]	guide	langue
gn		[ɲ]	montagne	cognac
h	（無音の h）	[無音]	hôtel	histoire
	（有音の h）	[無音]	héros	hors-d'œuvre

note1 h は常に発音されないが，語頭でのみ h muet（無音の h）と h aspiré（有音の h）の 区別がある．有音の h は，辞書ではふつう †h と表記されている.

語中 ill		travailler	papillon
語尾 il, ille	[(i)j]	travail soleil feuille	
		（例外：ville, village, mille, etc.）	

ph		[f]	photo	
qu		[k]	qui	quatre
s	（母音間）	[z]	maison	rose
	（それ以外）	[s]	salle	poisson
th		[t]	théâtre	thé

5

ti				
（母音字の前で）	{ [sj]	action	patience	
	[tj]	question	quartier	
（子音字の前で）	[ti]	actif	démocratique	
x（ex＋母音字）	[gz]	exemple	exercice	
（それ以外）	[ks]	taxi	texte	

✐ note2 語末の子音字はふつう発音されない．ただし c, f, l, r は発音されることが多い．
　　　sac　soif　naturel　mer

5　リエゾン liaison（連音）

　語末の子音字は発音されないことが多いが，次に母音または無音の h で始まる語が続く場合，これと連結して発音されることがある．これをリエゾンと呼ぶ．

　たとえば，次のような場合にリエゾンする（-s, -x → [z], -d → [t]）

1) 冠詞＋（形容詞）＋名詞　un‿enfant　des‿enfants　un petit‿enfant
　　　　　　　　　　　　　un grand‿arbre　deux‿arbres　un‿ancien‿élève
2) 副詞＋形容詞・副詞　très‿intéressant　plus‿âgé
3) 主語代名詞＋動詞　　nous‿avons　vous‿êtes　ils‿aiment
4) 前置詞＋次の語　　　dans‿un‿hôtel　en‿automne　chez‿elle
　　　　　　　　　　　sans‿hésiter

6　アンシェヌマン enchaînement（連読）

　発音される語末の子音字が，次の母音または無音の h で始まる語と連結して発音されることがある．これをアンシェヌマンと呼ぶ．

　une⁀école　　avec⁀elle　　il⁀a　　elle⁀est　　il⁀habite

7　エリジオン élision（母音字省略）

　le, ce, ne, de, je, me, te, se（e で終わる 2 文字の単語），および la, que, si は，次に母音または無音の h で始まる語が続くとき，語末の母音字を省略してアポストロフに置き換えて次の語と連結する．これをエリジオンと呼ぶ．

　le enfant → l'enfant　　je aime → j'aime　　ce est → c'est

✐ note
　　1) ただし si は，後に il, ils が来る場合のみ，s'il, s'ils となる．
　　2) 有音の h で始まる語の前ではリエゾン，アンシェヌマン，エリジオンは行わない．
　　　　les / héros　　une / haute montagne　　le / héros

【参考】

音節の切り方

1) 語尾の子音を除き，子音の前で切る．pro-me-na-de

2) 2子音が続くときはその間で切る．fran-çais, ob-jet

3) 3子音が続くときは最後の子音の前で切る．abs-te-nir

4) ただし，子音（l, r, n を除く）＋l, r および ch, ph rh, th, gn などの子音字群は分離できない．se-cret, nom-bre, es-prit

句読記号　signes de ponctuation

.	point
,	virgule
;	point-virgule
:	deux points
?	point d'interrogation
!	point d'exclamation
…	points de suspension
——	tiret（ダッシュ）
« »	guillemets（引用符）

Leçon **1** | 名詞　冠詞　形容詞　動詞 être, avoir

> Je suis étudiant.　　　僕は学生です.
>
> Elle a un petit chien.　彼女は小犬を飼っている.

1-11

§1 名詞の性と数

フランス語の名詞は，男性名詞 (*n. m.* = nom masculin) と女性名詞 (*n. f.* = nom féminin) に分かれる.

男性名詞 (*n. m.*)	père [pɛːr]	livre [liːvr]	Japon [ʒapɔ̃]
女性名詞 (*n. f.*)	mère [mɛːr]	table [tabl]	France [frɑ̃ːs]

名詞には単数 (*s.* = singulier) と複数 (*pl.* = pluriel) の区別があり，複数形は原則として単数形の語尾に s をつける. ただしこの s は発音されない.

	単数	複数
男性名詞	garçon [garsɔ̃]	garçons [garsɔ̃]
	jardin [ʒardɛ̃]	jardins [ʒardɛ̃]
女性名詞	fille [fij]	filles [fij]
	maison [mɛzɔ̃]	maisons [mɛzɔ̃]

1-12

§2 不定冠詞と定冠詞

数	単数		複数
性	男性	女性	男性・女性
不定冠詞	un [œ̃]	une [yn]	des [de]
定 冠 詞	le [lə] (l')	la [la] (l')	les [le]

 定冠詞の le, la は母音または無音の h で始まる名詞の前では l' になる.

un crayon	un‿homme	une femme	une‿école
des crayons	des‿hommes	des femmes	des‿écoles
le crayon	l'homme	la femme	l'école
les crayons	les‿hommes	les femmes	les‿écoles

cf. un / héros　des / héros　le / héros　les / héros

☞ 冠詞の用法は **§8** を参照

§3 形容詞の性と数

形容詞は修飾する名詞の性・数に応じて変化する．原則として女性形は
〈男性形＋e〉，複数形は〈単数形＋s〉である．この s は発音されない．

un stylo noir   des stylos noir**s**

une voiture noir**e**   des voitures noir**es**

note1 形容詞は原則として名詞の後ろに置かれる．ただし，次のような日常よく使われる比較的
短い形容詞は名詞の前に置く（複数形，女性形，位置については☞ **§18, §19, §20** 参照）．

  bon, mauvais, grand, petit, jeune, vieux, beau, joli, gros, nouveau, long, etc.

note2 複数名詞の前に形容詞が置かれると，原則として不定冠詞複数形の des は de になる．

  de grands‿arbres   de bons‿élèves

note3 男性形の語尾が e で終わる形容詞は，女性形でもさらに e を付けない．

  un chapeau rouge   une fleur rouge

§4 動詞 être と avoir の直説法現在

être [ɛtr] （いる，ある，〜である）

je	suis	[ʒəsɥi]	nous	sommes	[nusɔm]
tu	es	[tyɛ]	vous‿	êtes	[vuzɛt]
il‿	est	[ilɛ]	ils	sont	[ilsɔ̃]
elle‿	est	[ɛlɛ]	elles	sont	[ɛlsɔ̃]

否定形

je ne suis pas	nous ne sommes pas
tu n'es pas	vous n'êtes pas
il n'est pas	ils ne sont pas
elle n'est pas	elles ne sont pas

note1 否定形は動詞の活用形を **ne** [nə] と **pas** [pɑ] ではさむ．ne は母音または無音の h で始
まる動詞の前でエリジオンを行う．（☞ p. 6 [7] 参照）

avoir [avwar]（持っている）

j'ai	[ʒe]	nous‿avons	[nuzavɔ̃]
tu as	[tya]	vous‿avez	[vuzave]
il‿a	[ila]	ils‿ont	[ilzɔ̃]
elle‿a	[ɛla]	elles‿ont	[ɛlzɔ̃]

否定形

je n'ai pas	nous n'avons pas
tu n'as pas	vous n'avez pas
il n'a pas	ils n'ont pas
elle n'a pas	elles n'ont pas

note2 tu は家族，友人など親しい間で用いられる．それ以外は相手が一人の場合でも vous を用いる．

Jacques est gentil.	ジャックは親切だ．
Elle n'est pas grande.	彼女は背が高くない．
J'ai un nouveau dictionnaire.	僕は新しい辞書を持っています．

§5　提示構文：Voilà …；同定構文：c'est …, ce sont …；存在構文：il y a …

Voilà は聞き手に人やものを提示して注意をひく表現．

Voilà Paul.	ほら，ポールだ．
Voilà un beau jardin.	ほら，きれいな庭だよ．

c'est …, ce sont … は「これ（それ／あれ）は…です」という意味を表す．主語は単数，複数に限らず常に ce を用いる．また話し言葉では複数のものに対しても単数形の c'est … を用いるのが一般的．

C'est un vin italien.	これはイタリアのワインです．
C'est un nouveau professeur.	あの人は新しい先生です．
Ce sont de bons légumes frais.	これらはおいしい新鮮な野菜です．
« C'est des stylos bleus. »	「それらは青のペンです．」

Il y a … は何かの存在を表す非人称表現．「…がある・いる」という意味，後ろに来る名詞の数に関わりなく無変化．（非人称構文については ☞ §49 参照）

Il y a un couteau sur la table.	テーブルの上に（一本の）ナイフがある．
Il y a des enfants dans le parc.	公園には子どもたちがいます．

EXERCICES

1. 次の名詞に適切な不定冠詞をつけなさい.

   (1) fille   (2) garçon   (3) maison   (4) oiseau

   (5) vacances   (6) fenêtre

2. 次の名詞に適切な定冠詞をつけなさい.

   (1) lune   (2) musée   (3) amour   (4) hasard

   (5) hôpital   (6) parents

3. ( ) 内に avoir もしくは être を適切な形にして入れなさい.

   (1) Elle (   ) une petite sœur.

   (2) Vous (   ) français ?

   (3) Je (   ) étudiante.

   (4) Ils (   ) un beau chat noir.

4. ( ) 内の形容詞を適切な形にしなさい.

   (1) une montre (japonais)   (2) la cuisine (chinois)

   (3) de (bon) films   (4) des fleurs (jaune)

1-17

VERSION

(1) C'est une voiture allemande. Elle est robuste et rapide. De plus, elle n'est pas très chère.

(2) Il y a de grands arbres dans le parc de Belleville à Paris.

(3) Tiens ! Voilà Camille ! Elle a un beau sac à main et une ombrelle rouge.

(4) Nous avons un cours de français aujourd'hui.

> Nous habitons à Osaka.　私たちは大阪に住んでいます.
> Il a de la patience.　彼はがまん強い.

§6 動詞の直説法現在 (1)：-er 動詞

　90%以上の動詞の不定詞は -er で終わる. このような動詞を -er 動詞といい（第1群規則動詞と呼ばれることもある）, 次のような活用をする.

1-18

danser [dɑ̃se]（踊る）

je	danse	[ʒədɑ̃:s]	nous	dansons	[nudɑ̃sɔ̃]
tu	danses	[tydɑ̃:s]	vous	dansez	[vudɑ̃se]
il	danse	[ildɑ̃:s]	ils	dansent	[ildɑ̃:s]
elle	danse	[ɛldɑ̃:s]	elles	dansent	[ɛldɑ̃:s]

1-19

aimer [ɛme]（好きだ）

j'aime		[ʒɛ:m]	nous‿aimons		[nuzɛmɔ̃]
tu aimes		[tyɛ:m]	vous‿aimez		[vuzɛme]
il‿aime		[ilɛ:m]	ils‿aiment		[ilzɛ:m]
elle‿aime		[ɛlɛ:m]	elles‿aiment		[ɛlzɛ:m]

ただし, commencer（始める, 始まる）　→　nous commençons

　　　　 manger（食べる）　　　　　→　nous mangeons

（☞ p. 5 4. 子音字の発音c, g 参照）

1-20

否定形

je ne danse pas	nous ne dansons pas	
tu ne danses pas	vous ne dansez pas	
il ne danse pas	ils ne dansent pas	

je n'aime pas	nous n'aimons pas	
tu n'aimes pas	vous n'aimez pas	
il n'aime pas	ils n'aiment pas	

Vous‿invitez quelqu'un ?　　　　　　　あなたは誰かを招待しますか？ (inviter)
— Oui, j'invite l'oncle de Marie.　　　—ええ，マリーの叔父さんを招待します．

疑問文については ☞ §13 を参照

Nous‿habitons à Osaka.　　　　　　　私たちは大阪に住んでいます．　(habiter)

-er 動詞の語尾変化

	単数		複数	
1人称	-e	[発音なし]	-ons	[ɔ̃]
2人称	-es	[発音なし]	-ez	[e]
3人称	-e	[発音なし]	-ent	[発音なし]

1-21

§7　前置詞 de, à と定冠詞との結合（縮約）

前置詞 de（～の，～から），à（～に，～へ）の後に定冠詞 le, les がくると結合（縮約）する．

de ＋	le → du	la porte **du** musée	美術館の入り口
	la → de la	le sommet de la montagne	山の頂上
	l' → de l'	le cahier de l'étudiant	学生のノート
	les → des	les fenêtres **des** maisons	家々の窓

à ＋	le → au	Nous sommes **au** printemps.	今は春です．
	la → à la	Il travaille à la bibliothèque.	彼は図書館で勉強しています．
	l' → à l'	Elles sont‿à l'hôtel.	彼女たちはホテルにいます．
	les → aux	Il‿habite **aux**‿États‿Unis.	彼は合衆国に住んでいます．

1-22

§8　冠詞の用法

1) 不特定のもの，聞き手にはまだ了解されていないものを指す場合．

　→ 不定冠詞（数えられる名詞につくとき）

　　Voilà *un*‿ordinateur.　　　　　ほら，そこにパソコンがあるよ．

　　J'ai *des*‿enfants.　　　　　　　私には子供がいます．

　→ 部分冠詞（数えられない名詞につくとき）☞ §9 を参照．

　　Je mange *du* pain.　　　　　　　私はパンを食べます．

2) 話し手・聞き手に了解されているもの，限定されているものを指す場合，ある
　いは総称を表す場合.
　　→ 定冠詞（数えられる名詞，数えられない名詞ともに）

　　Il est à *la* maison.　　　　　　　　　彼は家にいます.
　　Je n'aime pas *les* serpents.　　　　　私はヘビが嫌いだ.　（総称）
　　J'aime *le* pain.　　　　　　　　　　私はパンが好きだ.　（総称）

1-23

§9 部分冠詞

　数えられない名詞（物質名詞，抽象名詞，集合名詞）の前につけて，「いくらか
の量の〜」「何らかの〜」という意味を表す.

男性	女性
du [dy] (de l')	de la [dəla] (de l')

 母音または無音の h の前では du, de la → de l'

　　Il verse *du* café dans la tasse.　　　彼はカップにコーヒーを注ぐ.
　　Nous mangeons *de la* soupe.　　　　私たちはスープを飲みます.
　　J'ai *de* l'argent.　　　　　　　　　僕，お金持ってるよ.
　　Elle⌢a *du* courage.　　　　　　　　彼女には勇気がある.
　　Vous‿avez *de la* famille à Paris ?　　パリにはご家族がおられますか？

1-24

§10 否定文における冠詞

　否定文においては，直接目的語につく不定冠詞，部分冠詞は de となる.
　　Tu as une moto ?　　　　　　　　　バイク持ってる？
　　— Non, je n'ai pas *de* moto, mais　　—いや，バイクはないけど，自転車なら
　　j'ai un vélo.　　　　　　　　　　　持ってるよ.

　　Il y a du beurre dans le frigo ?　　　冷蔵庫にバターあります？
　　— Non, il n'y a pas *de* beurre.　　　—いいえ，ありません.

　　Vous ne mangez pas *de* viande ?　　肉は食べないのですか？
　　— Si*, je mange *de la* viande.　　　—いいえ，食べますよ.
　　— Non, je ne mange pas *de* viande.　—ええ，肉は食べません.

note 否定疑問文に肯定で答えるときには，oui ではなく si で始める.

cf. Ce n'est pas une moto.   それはバイクではありません.

Je n'aime pas le fromage.   私はチーズが好きではありません.

1-25

§11 | 主語代名詞 on（動詞の活用では３人称単数扱い）

1) 不特定の人を表す.

On parle français à Genève.   ジュネーブではフランス語が話されている.

On frappe à la porte.   誰かノックしていますよ.

2) 日常会話では nous の代わりに用いられることが多い.

On chante ensemble !   いっしょに歌おう！

On‿est quatre.   （レストランなどで）4 人です.

1-26

> **国名**
>
> 国名は原則として定冠詞をともなう.
>
>   男性の国名：le Japon, le Canada, le Brésil, les‿États-Unis（複数）…
>
>   女性の国名：la France, l'Angleterre, l'Allemagne, la Chine …
>
>   （e で終わるものが多い）
>
> 「〜に, 〜で」を表すときは
>
>   男性の国名の場合は, à＋le, les → au, aux
>
>   au Japon, au Canada, aux‿États-Unis …
>
>   女性の国名と母音で始まる男性の国名の場合は, 冠詞なしで en
>
>   en France, en‿Angleterre, en Chine, en‿Irak, en‿Iran …
>
> 「〜から」を表すときは
>
>   男性の国名の場合は, de＋le, les → du, des
>
>   du Japon, du Brésil, des‿États-Unis …
>
>   女性の国名と母音で始まる男性の国名の場合は, 冠詞なしで de
>
>   de France, d'Italie, de Corée, d'Iran …

EXERCICES

1. 次の動詞を直説法現在に活用させなさい. 否定形でも活用させなさい.

   (1) parler   (2) habiter   (3) arriver

2. 各文の ( ) 内に, 適切な冠詞を入れなさい.

   (1) Tu aimes (   ) pain ?
   (2) Nous mangeons (   ) pain au petit déjeuner.
   (3) Elle n'aime pas (   ) chiens.
   (4) Tu as (   ) chance !

3. 各文のイタリック体の部分を ( ) 内の単語に置き換え, 全文を書き換えなさい.

   (1) Ils habitent en *France*.   (le Japon)
   (2) Tu as de l'*argent* ?   (temps)
   (3) Elle est à la *maison*.   (bureau)
   (4) Il commande toujours du *vin rouge* au restaurant.   (eau minérale)
   (5) Il travaille en *Allemagne*.   (les États-Unis)

4. 次の疑問文に対して, 否定で答えなさい.

   (1) Elle a des enfants ?
   (2) Tu aimes le café ?
   (3) Vous mangez de la viande ?
   (4) C'est une voiture japonaise ?

1-27

VERSION

   (1) Vous jouez du piano ? — Oui, je joue du piano à peu près tous les jours.
   (2) Vous n'aimez pas la musique classique ? — Si, mais j'aime aussi la musique pop.
   (3) Le football est un sport très populaire en France. Beaucoup de Français jouent au football. (football [futbo:l])

> Je finis mon travail à six heures.　　私は6時に仕事を終えます.

§12 動詞の直説法現在 (2)：-ir 動詞

不定詞が ir で終わる動詞のほとんどは, finir 型か partir 型の活用をする.

1-28
1)　　　　　　　　　　finir [fini:r]（終える, 終わる）

je finis	[ʒəfini]	nous finissons	[nufinisɔ̃]
tu finis	[tyfini]	vous finissez	[vufinise]
il finit	[ilfini]	ils finissent	[ilfinis]
elle finit	[ɛlfini]	elles finissent	[ɛlfinis]

note1 finir 型は, 語幹にない ss が複数人称であらわれる.（同型の動詞：réussir（成功する）, obéir（従う）, etc.）

Vous réussissez toujours aux examens.　　あなたはいつも試験に受かりますね.
Il n'obéit pas à ses parents.　　彼は両親の言うことを聞かない.

1-29
2)　　　　　　　　　　partir [parti:r]（出発する）

je pars	[ʒəpa:r]	nous partons	[nupartɔ̃]
tu pars	[typa:r]	vous partez	[vuparte]
il part	[ilpa:r]	ils partent	[ilpart]
elle part	[ɛlpa:r]	elles partent	[ɛlpart]

note2 partir 型は, 語幹末子音 (t, m, v) が単数人称で消える.

sortir（外出する）：　　je sors …,　　nous sortons …
dormir（眠っている）：　je dors …,　　nous dormons …
servir（奉仕する）：　　je sers …,　　nous servons …

Demain, je pars pour Nagasaki.　　明日長崎に出発します.
Le bébé dort tranquillement dans son lit.　赤ちゃんはベットですやすや眠っている.

-er 動詞以外は, 原則として次のような語尾変化をする.

	単数		複数	
1人称	-s	[発音なし]	-ons	[ɔ̃]
2人称	-s	[発音なし]	-ez	[e]
3人称	-t	[発音なし]	-ent	[発音なし]

動詞の不定詞, 直説法現在については, ☞ **付録 §74** を参照.

§13 疑問文の作り方

1) 文末をあげるイントネーションによって（日常会話）

Vous‿aimez le cinéma ?　　　　　　　映画は好きですか？

Tu es libre ?　　　　　　　　　　　　時間ある？

2) 文頭に est-ce que を使って（日常会話）

Est-ce que vous‿aimez le tennis ?　　テニスは好きですか？

Est-ce qu'il‿est content ?　　　　　彼は満足していますか？

3) 倒置によって（主に書き言葉）

a. 主語が代名詞のとき（単純倒置）

Aimez-vous l'opéra ?　　　　　　　　オペラはお好きですか？

aimer	finir
(Est-ce que j'aime ?)	(Est-ce que je finis ?)
Aimes-tu ?	Finis-tu ?
Aime-t-il ?	Finit-il ?
Aime-t-elle ?	Finit-elle ?
Aimons-nous ?	Finissons-nous ?
Aimez-vous ?	Finissez-vous ?
Aiment-ils ?	Finissent-ils ?
Aiment-elles ?	Finissent-elles ?

 3人称単数が母音字で終わる動詞の場合は，動詞と人称代名詞の間に，口調をととのえるため -t- を挿入する：Danse-t-il ?　Danse-t-elle ?　A-t-il ?　A-t-elle ?

b. 主語が名詞のとき（複合倒置）

Rose chante-t-elle bien ?　　　　　　ローズは歌が上手ですか？

Les‿étudiants sont-ils sérieux ?　　学生たちはまじめですか？

§14 指示形容詞

単数		複数
男性	女性	男性・女性
ce [sə] (cet [sɛt])	cette [sɛt]	ces [se]

 note1 ce は，母音字または無音の h で始まる語の前では cet となる．

ce monsieur	ces messieurs
ce héros	ces héros
cet‿ami	ces‿amis
cet‿hôtel →	ces‿hôtels
cet‿aimable garçon	ces‿aimables garçons
cette jeune fille	ces jeunes filles
cette‿amie	ces‿amies

note2 フランス語の指示形容詞には，日本語のコノ，ソノ，アノ，また英語の this / that，these / those のような区別はない．
特に対比のために遠近の区別を示したいときには，名詞の後に -ci（近い），-là（遠い）をつける．

> Cette femme-ci est allemande ; cette femme-là est anglaise.

> こちらの女性はドイツ人で，あちらの女性はイギリス人です．

 ## §15 所有形容詞

			所有される対象		
			男性単数	女性単数	男性・女性複数
所有する人	単数	1人称	mon [mɔ̃]	ma [ma] (mon)	mes [me]
		2人称	ton [tɔ̃]	ta [ta] (ton)	tes [te]
		3人称	son [sɔ̃]	sa [sa] (son)	ses [se]
	複数	1人称	notre [nɔtr]		nos [no]
		2人称	votre [vɔtr]		vos [vo]
		3人称	leur [lœr]		leurs [lœr]

mon père / ma mère / mes parents
notre oncle / notre tante / nos cousins

note1 母音字または無音の h で始まる単数の女性名詞・形容詞の前では，ma, ta, sa に代えて mon, ton, son が用いられ，リエゾンする．

mon‿école, ton‿histoire, son‿ancienne‿amie

note2 フランス語の所有形容詞は，「所有される対象」の性・数によって決まる．たとえば，son / sa は，英語の his / her とは異なり，所有者の性（彼／彼女）を示さない．

son frère : *his brother* または *her brother*

sa sœur : *his sister* または *her sister*

§16 | 数詞：1 〜 20

1 un / une	2 deux	3 trois	4 quatre	5 cinq
[œ̃ / yn]	[dø]	[trwɑ]	[katr]	[sɛ̃k]
6 six	7 sept	8 huit	9 neuf	10 dix
[sis]	[sɛt]	[ɥit]	[nœf]	[dis]
11 onze	12 douze	13 treize	14 quatorze	15 quinze
[ɔ̃ːz]	[duːz]	[trɛːz]	[katɔrz]	[kɛ̃ːz]
16 seize	17 dix-sept	18 dix-huit	19 dix-neuf	20 vingt
[sɛːz]	[dissɛt]	[dizɥit]	[diznœf]	[vɛ̃]

note 1) un / une は不定冠詞と同じである．

2) six, huit, dix の発音は，子音で始まる語の前では，それぞれ [si], [ɥi], [di] となる．（例）six livres [siliːvr]

3) six, dix の発音は，母音または無音の h で始まる語の前では，それぞれ [siz], [diz] となる．（例）dix hommes [dizɔm]

4) neuf の発音は，ans, heures の前では [nœv] となる．（例）neuf ans [nœvɑ̃]

EXERCICES

1. （　）内の代名詞を主語にして書き換え，所有形容詞を主語と一致させなさい．

   (1) Je finis mes devoirs. (Vous)
   (2) Je pars pour Paris avec ma famille. (Il)
   (3) Je choisis ma place. (Elle)
   (4) Je sers du thé à mes invités. (Nous)

2. 次の各文を三通りの方法（イントネーション, est-ce que, 倒置）で疑問文にしなさい．

   (1) Vous êtes française.
   (2) Il a du courage.
   (3) Votre père travaille au Canada.

3. 適切な指示形容詞（ce, cet, cette, ces）を（　）内に入れなさい．

   (1) (　　　) bibliothèque　(2) (　　　) jardin
   (3) (　　　) avion　(4) (　　　) homme
   (5) (　　　) église　(6) (　　　) hôtels

4. （　）内に，主語に合わせて適切な所有形容詞を入れなさい．

   (1) Ma sœur est contente de (　　　) école.
   (2) Mes enfants jouent avec (　　　) amis dans le parc.
   (3) Est-ce que vous donnez ce bouquet à (　　　) parents ?

VERSION

   (1) Chaque jour, après la classe, ma fille sort pour jouer au foot avec ses amis. Elle adore ce sport.
   (2) Mon frère sort avec une jeune Allemande. Ils passent leurs vacances en Allemagne cet été.
   (3) Votre tante habite-t-elle en Argentine ? — Non, elle habite au Brésil. Elle parle anglais et portugais couramment, mais elle n'est pas encore habituée à la vie brésilienne.

> Ils achètent une belle maison dans la banlieue de Paris.
>
> 彼らはパリ郊外にすてきな家を買う.

§17 注意を要する -er 動詞

-er 動詞のなかには, 単数のすべての人称と３人称複数形で, 発音しやすくするために語幹が変化するものがある.

1) -e + 子音 + er

  a. (e → è)

1-35

acheter [aʃte] （買う）

j'achète	[ʒaʃɛt]	nous achetons	[nuzaʃtɔ̃]
tu achètes	[tyaʃɛt]	vous achetez	[vuzaʃte]
il achète	[ilaʃɛt]	ils achètent	[ilzaʃɛt]
elle achète	[ɛlaʃɛt]	elles achètent	[ɛlzaʃɛt]

他に lever（上げる）, mener（導く）, peser（重さがある・〜の重さを量る）, etc.

  b. （子音字を重ねる）

1-36

appeler [aple] （呼ぶ・電話をかける）

j'appelle	[ʒapɛl]	nous appelons	[nuzaplɔ̃]
tu appelles	[tyapɛl]	vous appelez	[vuzaple]
il appelle	[ilapɛl]	ils appellent	[ilzapɛl]
elle appelle	[ɛlapɛl]	elles appellent	[ɛlzapɛl]

他に jeter（投げる）, rappeler（思い出させる）, etc.

2) -é + 子音 + er (é → è)

1-37

préférer [prefere] （〜の方を好む）

je préfère	[ʒəprefɛːr]	nous préférons	[nupreferɔ̃]
tu préfères	[typrefɛːr]	vous préférez	[vuprefere]
il préfère	[ilprefɛːr]	ils préfèrent	[ilprefɛːr]
elle préfère	[ɛlprefɛːr]	elles préfèrent	[ɛlprefɛːr]

他に espérer（希望する）, répéter（くり返す）, etc.

Ils achètent des jouets dans un grand magasin.　　彼らはデパートでおもちゃを買います.

Martine appelle souvent ses parents.　　マルティーヌはよく両親に電話をする.

Je préfère l'automne à l'été.　　私は夏よりも秋の方が好きです.

1-38

§18 名詞・形容詞の複数形

名詞の複数形

1) 原則：　　　単数形＋s　　un stylo → des stylos [stilo]　万年筆

2) -s
-x
-z　　そのまま　　un bois → des bois [bwa]　森・木材
une voix → des voix [vwa]　声
un nez → des nez [ne]　鼻

3) -al　　→ -aux　　un animal → des animaux [animo]　動物

4) -au
-eau
-eu　　x をつける　　un tuyau → des tuyaux [tɥijo]　ホース
un gâteau → des gâteaux [gɑto]　ケーキ
un cheveu → des cheveux [ʃvø]　髪

5) 特殊なもの　　un œil [œj] → des yeux [jø]　眼

形容詞の複数形

1) 形容詞（男性）の複数形の作り方は，原則として名詞の場合と同じ.
un parc national → des parcs nationaux [nasjono]　国立公園

2) 女性形容詞の複数形は，女性形語尾 e の後に s をつける. したがって，語尾はすべて -es となる.
une société nationale → des sociétés nationales [nasjonal]　国有企業

1-39

§19 形容詞・名詞の女性形

1. 形容詞の女性形

1) 原則：　　　男性形＋e　　joli → jolie [ʒɔli] きれいな
grand [grɑ̃] → grande [grɑ̃:d] 大きい

 note1　一般に，男性形の語尾が発音されない子音字で終わる形容詞は，女性形にする際, e がつくことによってその子音字が発音される.

23

2) -e　　　　　そのまま　　　　facile → facile [fasil]　容易な

3) -er　　　　　→ -ère　　　　　familier [familje] → familière [familjɛ:r]　なじみの

4) -f　　　　　→ -ve　　　　　　actif [aktif] → active [acti:v]　活動的な

5) -eux　　　　→ -euse　　　　heureux [œrø] → heureuse [œrø:z]　幸福な

6) 語末の子音字を重ねて e をつけるもの（l, n, s, t で終わる語の場合）
gentil [ʒɑ̃ti] → gentille [ʒɑ̃tij]　親切な,　　naturel [natyrɛl] → naturelle [natyrɛl]　自然の,
ancien [ɑ̃sjɛ̃] → ancienne [ɑ̃sjɛn]　古い, bon [bɔ̃] → bonne [bɔn]　良い,

7) 以下の形容詞は，母音または無音の h で始まる男性単数名詞の前で男性単数第 2
形を持つ.

　　　男性単数第 1 形　　　男性単数第 2 形　　　女性形
　　　beau [bo]　　→　bel [bɛl]　　→　belle [bɛl]　美しい
　　　un beau garçon / un bel enfant / une belle fille

　　　nouveau [nuvo] →　nouvel [nuvɛl]　→　nouvelle [nuvɛl]　新しい
　　　un nouveau bâtiment / un nouvel hôtel / une nouvelle maison

　　　vieux [vjø]　　→　vieil [vjɛj]　　→　vieille [vjɛj]　古い・年を取った
　　　un vieux monsieur / un vieil homme / une vieille dame

note2 男性の複数形は単数第 1 形から作る (un bel enfant → de beaux enfants).　女性の複数
　　形は，原則通り -s をつければよい (une belle fille → de belles filles).

8) その他の不規則なもの
　　long [lɔ̃]　　→　longue [lɔ̃:g]　長い
　　blanc [blɑ̃]　→　blanche [blɑ̃:ʃ]　白い
　　frais [frɛ]　→　fraîche [frɛʃ]　新鮮な

2. 名詞の女性形

人や動物を表す名詞の中には，形容詞に準じて女性形を作るものが多い．

1) un ami → une amie　友人

2) un artiste → une artiste　芸術家

3) un étranger → une étrangère　外国人

1-40

§20 │ 形容詞の位置

1) 原則として，名詞の後に置く．

la langue française　フランス語　　le ciel bleu　青空　　l'eau chaude　湯

2) 次のような日常よく用いられる，比較的短い形容詞は名詞の前に置く．
beau (belle), joli(e), bon(ne), mauvais(e), grand(e), petit(e), gros(se), long(ue), jeune, nouveau (nouvelle), vieux (vieille), ancien(ne), vrai(e), faux (fausse), etc.

 note 形容詞の中には，位置によって意味の異なるものがある．

un homme grand（背の高い人）　　un grand homme（偉人）

des artistes pauvres（貧しい芸術家たち）　de pauvres artistes（かわいそうな芸術家たち）

1-41

§21 │ 人称代名詞 (1)：自立形

	単　数		複　数	
	主　語	自立形	主　語	自立形
1人称	je	moi	nous	nous
2人称	tu	toi	vous	vous
3人称	il	lui	ils	eux
	elle	elle	elles	elles

代名詞を動詞とは独立して使うときは，自立形を用いる．強勢形とも呼ばれる．

1) 文頭や文末に置かれ，主語や目的語の強調．主として対比や確認に用いられる．

J'aime le thé. Et vous ?	私は紅茶が好き．で，あなたは？
— Moi, je préfère le café.	— 私はコーヒーの方が好きです．
Il est paresseux, lui.	怠けもんなんだ，あいつは．

2) 前置詞の後

Jeanne est très fière d'eux.	ジャンヌは彼らのことをとても誇りに思っている．
C'est un cadeau pour toi.	これは君へのプレゼントだよ．

3) C'est, ce sont の補語として

Qui est-ce ? — C'est moi, Marie.	誰ですか？ — 私よ，マリーよ．

(Qui est-ce ? については ☞ §24 を参照)

● EXERCICES

1. ［　］内の動詞を適切な形に活用させて（　）内に記入し，全文を日本語に訳しなさい.

   (1) Qu'est-ce qu'on (　　　　　　　　) pour le dîner aujourd'hui ?　　[acheter]

   (2) Je (　　　　　　) la cuisine japonaise à la cuisine chinoise.　　[préférer]

   (3) Depuis la mort de son mari, Françoise (　　　　　　) seule ses enfants.
       　　　　　　　　　　　　　　　　　　　　　　　　　　　[élever]

   (4) Elle (　　　　　　　) un taxi pour aller à l'hôpital.　　[appeler]

2. 単数の語句を複数に，複数の語句を単数に変えなさい.（冠詞については ☞ §3 note 2 も参照）

   (1) un animal domestique　　　　　(2) un vieil homme

   (3) un phénomène social　　　　　(4) un étudiant japonais

   (5) de beaux appartements　　　　(6) des artistes originaux

3. 例にならって，イタリック体の名詞を ［　］内の語に置き換え，冠詞と形容詞を一致させなさい.

   （例） un *homme* intelligent [femme]　→　une femme intelligente

   (1) une belle *fille*　　　[garçon]　　(2) une vieille *amie*　　　[ami]

   (3) une *femme* sportive　[homme]　　(4) une nouvelle *mode*　　[modèle]

   (5) un bon *pâtissier*　　[pâtissière]

1-42

 ● VERSION

(1) Entre la musique traditionnelle japonaise et la musique classique occidentale, il y a beaucoup de différences. Le compositeur japonais Toru Takemitsu combine ces deux éléments avec succès.

(2) La cuisine japonaise est saine et équilibrée. Elle est riche en fibres et pauvre en matières grasses.

5

動詞 attendre, aller, venir　疑問代名詞 (1)　疑問形容詞
疑問副詞

On va faire une promenade ?　　散歩しようか？
— Oui, je viens de terminer mes devoirs.
　　—いいよ，ちょうど宿題を済ませたところだ．

1-43

§22　動詞の直説法現在 (3)：attendre

attendre [atãːdr]（待っている）

j'attends [ʒatã]	nous attendons [nuzatãdɔ̃]
tu attends [tyatã]	vous attendez [vuzatãde]
il attend [ilatã]	ils attendent [ilzatãːd]
elle attend [ɛlatã]	elles attendent [ɛlzatãːd]

他に entendre（聞こえる），rendre（返す），etc.

On attend avec impatience son nouveau film.　彼の新作映画が待ち遠しい．
Je rends tout de suite cet appareil à Pierre.　私はすぐにこのカメラをピエールに
　　返します．

note　attendre 型のように，3 人称単数が -d, -t で終わる場合は語尾に -t がつかない．

§23　allerとvenir の直説法現在

1-44

aller [ale]（行く）

je vais [ʒəve]	nous allons [nuzalɔ̃]
tu vas [tyva]	vous allez [vuzale]
il va [ilva]	ils vont [ilvɔ̃]
elle va [ɛlva]	elles vont [ɛlvɔ̃]

Elle va au cinéma une fois par semaine.　彼女は週に一度映画を見に行く．
Jean, comment vas-tu ?　ジャン，元気？
— Je vais très bien, et toi ?　　—とても．君は？

1-45

venir [vəniːr]（来る）

je viens [ʒəvjɛ̃]	nous venons [nuvnɔ̃]
tu viens [tyvjɛ̃]	vous venez [vuvne]
il vient [ilvjɛ̃]	ils viennent [ilvjɛn]
elle vient [ɛlvjɛ̃]	elles viennent [ɛlvjɛn]

Il vient avec son petit frère. 彼は弟といっしょにやって来る.
Vous venez d'Angleterre ? イギリスから来られたのですか?
— Non, je viens des États-Unis. ―いえ, アメリカからです.

《**aller** + 不定詞》: 1) 近い未来を表す, 2) 「～しに行く」.

1) Le bus va arriver dans un instant. バスはもうすぐ来るでしょう.

2) Je vais chercher ma grand-mère à l'aéroport. 私は空港に祖母を迎えに行きます.

《**venir de** + 不定詞》: 近い過去を表す.

Anne est là ? アンヌいる?
— Non, elle vient de partir. ―いいえ, いま出かけたところよ.

note 《venir + 不定詞》は 「～しに来る」 の意味になる.

Tu viens manger chez moi ? うちに食べに来ない?
— Avec plaisir ! ―喜んで!

§24 疑問代名詞 (1)

「誰?」 「何?」 (性・数の変化なし)

	主　語	直接目的語	補　語
誰?	Qui Qui est-ce qui	Qui Qui est-ce que	Qui
何?	Qu'est-ce qui	Que Qu'est-ce que	Qu'est-ce que

主語　　　　Qui va venir demain ? 明日誰が来るのですか?
　　　　　　Qui est-ce qui va venir demain ?
　　　　　　Qu'est-ce qui ne va pas ? 何がうまくいかないのですか?

直接目的語　Qui cherchez-vous ? 誰を探しているのですか?
　　　　　　Qui est-ce que vous cherchez ?
　　　　　　Que faites-vous ici ? ここで何をしているのですか?
　　　　　　Qu'est-ce que vous faites ici ?

| 補語 | Qui est-ce ? | どなたですか？ |
| | Qu'est-ce que c'est ? | それは何ですか？ |

§25 疑問形容詞

男性単数	女性単数	男性複数	女性複数
quel	quelle	quels	quelles

発音はすべて [kɛl]

通常の形容詞と同様に，名詞に直接かかる場合と，補語になる場合とがある．

Quel âge as-tu ? — J'ai dix ans.　　君，いくつ？　—10歳だよ．

Quel jour sommes-nous aujourd'hui ?　今日は何曜日ですか？
— Nous sommes mercredi.　　　　　　　— 水曜日です．

Quelle heure est-il ?　　　　　　　　　今何時ですか？
— Il est cinq heures et quart.　　　　　—5時15分です．

À quelle heure part le prochain train ?　次の電車は何時に出ますか？
— À neuf heures trente.　　　　　　　　—9時30分です．

Quelle est votre nationalité ?　　　　　国籍はどちらですか？
— Je suis japonais.　　　　　　　　　　—日本人です．

 note 感嘆の表現としても用いられる．

Quelle jolie cravate (tu as) !　　なんて素敵なネクタイなの！

Quel mauvais goût !　　　　　　なんてひどい味なんだ！／なんて悪趣味なんだ！

§26 疑問副詞 (où, quand, comment, pourquoi, combien)

1) 場所を尋ねる **où**

Où allez-vous cet après-midi ?　　今日の午後はどこへ行くのですか？

Où est-ce qu'il travaille ?　　　　彼はどこで働いているのですか？

D'où venez-vous ?　　　　　　　　どこから来られたのですか？

2) 時（時間）を尋ねる **quand (à quelle heure)**

Quand arrive-t-elle ? 彼女はいつ着くのですか？

À quelle heure vous levez-vous ? あなたは何時に起きるのですか？

3) 手段や様子を尋ねる **comment**

Comment tu vas à Wakayama ? En train ou en voiture ? 和歌山へはどうやって行くの？　電車で？それとも車で？

Comment vont vos parents ? ご両親はお元気ですか？

4) 理由を尋ねる **pourquoi**

Pourquoi êtes-vous contre ce projet ? どうしてこの計画に反対なんですか？

Pourquoi tu ne viens pas demain ?
— Parce que j'ai rendez-vous avec le médecin. どうして明日来ないの？
— 医者の予約があるからです.

✎note pourquoi を用いた疑問文に対しては原則として parce que … を用いて答える.

5) 数量を尋ねる **combien (de)** （値段以外の用法については ☞ §28 参照）

値段を尋ねる場合は，C'est combien ?「いくらですか」; Ça fait combien ?「全部でいくらですか」などのように言う.

EXERCICES

1. ［ ］内の動詞を適切な形に活用させて（　）内に記入し，全文を日本語に訳しなさい.

(1) Je n'(   ) pas très bien.   [entendre]

(2) Cette cravate (   ) très bien avec ta veste !   [aller]

(3) Mes parents (   ) voir leurs petits-enfants ce week-end. [venir]

2. (1) (2) を近い未来を表す文に, (3) (4) を近い過去を表す文にそれぞれ書き換えなさい.

(1) Nous arrivons bientôt à Strasbourg.

(2) J'achète un cadeau à ma grand-mère.

(3) Je finis mon déjeuner.

(4) Louise appelle sa mère.

3. （　）内に適切な疑問代名詞を記入し，全文を日本語に訳しなさい.

(1) (   ) vient dîner chez vous ce soir ?

(2) (   ) vous offrez à votre beau-père ?

(3) (   ) invitez-vous pour la fête d'anniversaire ?

4. （　）内に適切な疑問形容詞を記入し，全文を日本語に訳しなさい.

(1) (   ) chaussures allez-vous prendre ?

(2) Dans (   ) quartier habitez-vous ?

(3) (   ) sont vos loisirs préférés ?

5. イタリック体の部分が不明なものとして, 次の答を得るような問いの文を作りなさい.

(1) Nous allons à Hiroshima *en avion*.

(2) Je pars pour la France *cet été*.

(3) Il achète souvent des fruits et des légumes *au marché près de chez lui*.

1-50

● VERSION

(1) Où vas-tu, Michèle ? — Je vais chez le dentiste. J'ai très mal aux dents depuis hier soir.

(2) Quelle est votre spécialité ? — Ma spécialité, c'est l'histoire de l'art.

(3) Pourquoi vous avez si soif ? — Parce que nous venons de faire un match de tennis.

1-51

avoir について

　avoir は幅の広い用法を持つ動詞です.「ある」や「いる」といった「所有」や「存在」の意味に加えて，様々な「状態」を表す熟語表現でも用いられます：

Avez-vous des frères ? — Oui, j'ai un grand frère.
兄弟はおられますか？ —ええ，兄がひとりいます.

Avez-vous des framboises ?	ラズベリーありますか？（お店で）
J'ai quelque chose à vous dire.	ちょっと話があるんですが.
Pierre a de la patience.	ピエールはがまん強い.
Il a les yeux bleus.	彼は青い眼をしている.
Vous avez l'heure ?	今何時ですか.
J'ai très faim (soif).	すごくおなかがすいた（のどがかわいた）.
J'ai chaud (froid).	暑い（寒い）.
Il a raison (tort).	彼の言っていることは正しい（間違っている）.
Il a de la chance !	あいつはついてるよ！
Elle a l'air triste.	彼女は悲しそうだ.
Qu'est-ce que tu as ?	どうしたの？
— J'ai mal à la tête.	—頭が痛いんだ.

　またこれら以外に, avoir の大事な役割のひとつとして,「複合過去」と呼ばれる過去表現の助動詞としての用法がありますが,「複合過去」については **Leçon 8** で説明します.

33

6

動詞 faire, dire, devoir, pouvoir, vouloir　数量の表現
形容詞・副詞の比較

> On doit trouver une meilleure solution.
> よりよい解決策を見つけなければなりません.

§27　動詞の直説法現在 (4)

1-52

1) **faire, dire** の直説法現在

faire (する, 作る)

je fais	nous **fai**sons [nufzɔ̃]
tu fais	vous faites
il fait	ils font

dire (言う)

je dis	nous disons
tu dis	vous **dites**
il dit	ils disent

📝**note1** faire に関しては, 複数 2 人称と複数 3 人称の活用が不規則なので注意. また複数 1 人称では語幹の発音の変化に気をつける. dire に関しては vous のときの活用語尾が不規則なので注意.

📝**note2** faire は使役動詞 (〜させる) としても用いられる. ☞ **§56** 参照

Elles font des courses au centre-ville.　彼女たちは都心で買い物をします.
Vous dites toujours des bêtises !　あなたはいつも馬鹿なことを言っていますね !

1-53

2) **devoir, pouvoir, vouloir** の直説法現在

devoir
(〜しなければならない, 〜に違いない)

je dois	nous devons
tu dois	vous devez
il doit	ils doivent

pouvoir
(〜できる, 〜してもよい, 〜かもしれない)

je peux	nous pouvons
tu peux	vous pouvez
il peut	ils peuvent

vouloir (〜したい, 〜がほしい)

je veux	nous voulons
tu veux	vous voulez
il veut	ils veulent

Je dois aller à la banque.	私は銀行に行かないといけない.
Il doit être fatigué.	彼は疲れているに違いない.
Je peux essayer ces chaussures ?	この靴をはいてみてもいいですか?
Les enfants veulent regarder la télé.	子供たちはテレビを見たがっている.

§28 数量の表現

数量は combien de + 名詞 で尋ねる.

Combien de livres y a-t-il ?	何冊の本がありますか?
Combien d'argent avez-vous ?	お金はどれぐらい持っていますか?

— Il y a
$\left\{ \begin{array}{l} \text{beaucoup} \\ \text{assez} \\ \text{tant} \\ \text{trop} \end{array} \right\}$
de livres.
$\left\{ \begin{array}{l} \text{たくさんの} \\ \text{かなり多くの} \\ \text{こんなに多くの} \\ \text{あまりに多くの} \end{array} \right\}$ 本があります.

— Il y a peu de livres.　本はほとんどありません.

— J'ai
$\left\{ \begin{array}{l} \text{beaucoup} \\ \text{assez} \\ \text{tant} \\ \text{trop} \\ \text{un peu} \end{array} \right\}$
d'argent.
$\left\{ \begin{array}{l} \text{たくさんの} \\ \text{かなりたくさんの} \\ \text{こんなにたくさんの} \\ \text{あまりにたくさんの} \\ \text{少し} \end{array} \right\}$ お金を持っています.

— J'ai peu d'argent.　ほとんどお金は持っていません.

note peu de ～が否定的に用いられるのに対し, un peu de ～は肯定的に「少しの～」を表す. また un peu de ～は常に量を示す. 数を表すときは quelques を用いる.

Il y a un peu d'huile dans la bouteille.	瓶の中に少し油がある.
Il y a quelques pommes sur l'étagère.	棚の上にリンゴがいくつかある.

§29 形容詞・副詞の比較

1) 比較級

英語のように比較級の語尾は持たず, 形容詞・副詞の前に比較の副詞(plus, aussi, moins)をつけることにより比較を表す.

比較の対象 (～と比べて, ～より) は, que で導かれる. 比較の対象が人称代名詞のときは自立形を用いる. (☞ §21 参照)

<table>
<tr><td>程度が高い</td><td>plus</td><td rowspan="3">}</td><td rowspan="3">形容詞
副詞</td><td rowspan="3">+ que + 比較の対象</td></tr>
<tr><td>程度が同じ</td><td>aussi</td></tr>
<tr><td>程度が低い</td><td>moins</td></tr>
</table>

Rose est **plus** grande **que** Paul.　　　　ローズはポールより背が高い.

Cette fille est **aussi** sportive **que** moi.　　その女の子は私と同じように
　　　　　　　　　　　　　　　　　　　　　スポーツ好きだ.

Mon père est **moins** sévère **que** ma mère.　私の父は母ほど厳しくはない.

Je ne suis pas **aussi** studieux **que** ma sœur.　僕は姉ほど勉強熱心ではない.

Martine court **plus** vite **que** Jean.　　　　マルティーヌはジャンより走るのが
　　　　　　　　　　　　　　　　　　　　　速い.

note1 同等比較の否定では文意を強調するため，aussi にかえて si が用いられることもある.

note2 次のような比較の表現もある.

Je ne suis pas **aussi** intelligent **que** tu penses.　僕は君が思うほど頭がよくない.

Elles sont **plus** prudentes **que** timides.　　彼女たちは引っ込み思案というより慎重な
　　　　　　　　　　　　　　　　　　　　のだ.

1-56
2) **最上級**

　形容詞の最上級は比較級の前に定冠詞をつけて作る. 定冠詞の性・数は形容詞と一致させる. 副詞の最上級は比較級の前に定冠詞 le をつけて作る. 比較の範囲（～のうちで）になる名詞は de (dans, parmi) で導かれる. 定冠詞に代わり，所有形容詞が用いられることもある.

<table>
<tr><td>定冠詞
（所有形容詞）</td><td>+ 形容詞の比較級 +</td><td>de</td><td>+ 比較の範囲</td></tr>
<tr><td>le</td><td>+ 副詞の比較級 +</td><td>dans</td><td>+ 比較の範囲</td></tr>
</table>

Le mont Fuji est la montagne **la plus**　　富士山は日本で一番高い山だ.
haute **du** Japon.

Gabriel est **le plus** grand **de** la classe.　　ガブリエルはクラスで一番背が高い.

Louise est **la moins** âgée **de** sa famille.　　ルイーズは家族の中で一番歳が若い.

C'est **son plus** grand défaut.　　　　　　これが彼（彼女）の一番の欠点だ.

Dans mon école, c'est Martine qui court **le plus** vite.

学校で一番足が速いのは
マルティーヌだ.

 副詞の最上級は, 強調構文 (☞ **§42** 参照) の形で用いるのが自然.

1-57

3) **特殊な比較の形を持つ形容詞・副詞**

形容詞 **bon**

bon の比較級には meilleur を用いる. ただし, 程度が同じ・程度が低い場合の比較には, aussi bon, moins bon を用いる.

性・数		比較級	最上級
男性単数	bon	meilleur	le meilleur
女性単数	bonne	meilleure	la meilleure
男性複数	bons	meilleurs	les meilleurs
女性複数	bonnes	meilleures	les meilleures

Cette année, la récolte est **meilleure** que l'année dernière.

今年は去年より収穫が良い.

Ce film est **le meilleur** de Kurosawa.

この映画は黒沢監督の最高の作品だ.

Ce fromage-ci est **moins bon** que ce fromage-là.

このチーズはあのチーズほどおいしくない.

副詞 **bien**

bien の比較級には mieux を用いる. ただし, 程度が同じ・程度が低い場合の比較には, aussi bien, moins bien を用いる.

	比較級	最上級
bien	mieux	le mieux

Tu chantes **mieux** que Paul.

君はポールより歌がうまいね.

Parmi mes camarades, c'est Catherine qui danse **le mieux**.

私の仲間のうちで一番ダンスが上手なの
はカトリーヌだ.

4) 数量・程度を表す **beaucoup** の比較

数量・程度を表す beaucoup の比較には plus, autant, moins を用いる.

	比較級	最上級
beaucoup	plus	le plus
	autant	—
	moins	le moins

Paul a **plus** de livres **que** moi.　　　ポールは私より多くの本を持っている.

Marie travaille **autant que** lui.　　　マリーは彼と同じくらい勉強する.

Quelle fleur aimez-vous **le plus** ?　　　あなたは何の花が一番お好きですか?

 後ろに名詞が来る場合は,数量表現の場合と同様,plus de livres のように名詞の前に de を入れる.

EXERCICES

1. [　] 内の動詞を適切な形に活用させて（　）内に記入し，全文を日本語に訳しなさい．

(1) Je (　　　　　　) du judo tous les jours depuis deux ans.　　　　　　[faire]

(2) On (　　　　　　) qu'elle va faire ses études en France.　　　　　　[dire]

(3) Vous (　　　　　　) avoir 18 ans ou plus pour ouvrir un compte bancaire.

[devoir]

(4) Est-ce que je (　　　　　　) utiliser ton ordinateur un instant ? [pouvoir]

(5) Je (　　　　　　) aller en France et visiter beaucoup de musées.　　[vouloir]

2. 例にならって A. は比較級または同等比較の，B. は最上級の構文を作りなさい．

A.（例）　Martine court vite. (Martine＞Michel)
→ Martin court plus vite que Michel.

(1) Olivier est intelligent. (Olivier＞Gérard)

(2) Cette voiture-ci est chère. (cette voiture-ci＜cette voiture-là)

(3) Françoise chante bien. (Françoise＞Georges)

(4) Liliane a beaucoup de vêtements. (Liliane = sa sœur)

B.（例）　(Dans notre école), Charles court vite.
→ Dans notre école, c'est Charles qui court le plus vite.

(1) À mon avis, Sylvie Vartan est une bonne chanteuse (de France).

(2) (Dans notre classe), Véronique travaille bien.

1-58

VERSION

(1) Tu dois faire du sport. Ça fait beaucoup de bien.

(2) Je veux apprendre la théorie de la relativité générale d'Einstein, mais les connaissances nécessaires en mathématiques sont très difficiles pour moi.

(3) Plus on est heureux, moins on prête attention à son bonheur.

> Tu connais Monsieur Legrand ?　— Non, je ne le connais pas.
>
> ルグランさん知ってる？　—いいえ，知りません.

§30　動詞の直説法現在 (5)

1-59

1) **savoir, connaître, voir** の直説法現在

savoir（知っている）

je sais	nous savons
tu sais	vous savez
il sait	ils savent

connaître（知っている）

je connais	nous connaissons
tu connais	vous connaissez
il connaît	ils connaissent

voir（見える）

je vois	nous voyons
tu vois	vous voyez
il voit	ils voient

Ils savent que je suis innocent.	彼らは僕が無実なのを知っている.
Elle sait conduire.	彼女は車の運転ができる.
Connaissez-vous Monsieur Legrand ?	ルグラン氏をご存じですか？
On voit le mont Fuji de cette colline.	あの丘からは富士山が見えますよ.

note1 上記の例文のように savoir の目的語は名詞節，不定詞のように＜事柄＞であることが多いが，connaître の目的語は人・物などの名詞（句）に限られる.

note2 savoir＋不定詞は，能力として「～できる」という意味であり，pouvoir＋不定詞は条件，状況からみて「～できる」という意味である.

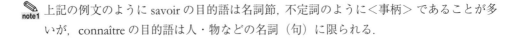
Je sais nager, mais je ne peux pas nager　　私は泳げるんですけど，背中が痛いので
aujourd'hui parce que j'ai mal au dos.　　　今日は泳げません.

note3 voir は見えるという意味であり，regarder は意志を持って見るという意味である.

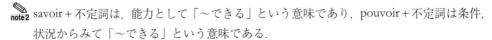
Je regarde attentivement le tableau mais　　注意して絵を見ているんだけど，画家のサイン
je ne vois pas la signature du peintre.　　　は見あたらないよ.

2) **prendre, mettre** の直説法現在

prendre（取る）

je prends	nous prenons
tu prends	vous prenez
il prend	ils prennent

mettre（置く）

je mets	nous mettons
tu mets	vous mettez
il met	ils mettent

Il prend le métro pour aller à l'école. 　彼は学校に行くのに地下鉄を使います.

Nous ne mettons pas de sucre dans le café. 　私たちはコーヒーに砂糖をいれません.

§31　人称代名詞 (2)

	単　　数			複　　数		
	主　語	直接目的語	間接目的語	主　語	直接目的語	間接目的語
1人称	je	me (m')	me (m')	nous	nous	nous
2人称	tu	te (t')	te (t')	vous	vous	vous
3人称	il elle	le (l') la (l')	lui	ils elles	les	leur

（　）内はエリジオンする位置にある時の形.

語順

目的語の人称代名詞は関係する動詞の直前にくる.

例えば，直接目的語が名詞の場合は，

Il met *sa clé* sur la table.（彼は自分の鍵をテーブルに置く）

という語順になるが，sa clé を代名詞にすると，

Il *la* met sur la table.（彼はそれをテーブルの上に置く）

という語順になる.

1) 代名詞が一つの場合

（直接目的語の場合）

Regardez bien ces cartes. Je *les* mets sur la table. 　このカードをよく見て下さいね. テーブルに置きますよ.

Tu ne *m'*aimes plus ?　　　　　　　　　　もう私のこと好きじゃないの？

— Mais, si ! Je *t'*aime toujours.　　　　　　—とんでもない．君のことは変わらず好きだよ．

Tu peux *m'*aider ?　　　　　　　　　　　　手伝ってくれる？（me は aider の直接目的語）

Je vais *la* chercher à la gare.　　　　　　　彼女を駅に迎えに行きます．（la は chercher の直
　　　　　　　　　　　　　　　　　　　　　　接目的語）

（間接目的語の場合）

Tu téléphones à Emma ?　　　　　　　　　エマに電話するの？

— Oui, je *lui* téléphone.　　　　　　　　　—うん，するよ．

Il *m'*écrit souvent.　　　　　　　　　　　彼は私によく手紙をくれます．

2)　**直接目的語と間接目的語の人称代名詞が二つある場合**

二つとも関係する動詞の直前に置くが，組み合わせによって下記の語順になる．
この場合，直接目的語は３人称に限られる．

	間接目的語	直接目的語	
主語 (ne)	me te nous vous	le la les	動詞 (pas)

	直接目的語	間接目的語	
主語 (ne)	le la les	lui leur	動詞 (pas)

Tu *me* donnes ces fleurs ?　　　　　　　　私にその花くれる？

— Oui, je *te les* donne.　　　　　　　　　—うん，あげるよ．

Est-ce que Louise va montrer cette lettre　　ルイーズはあの手紙を恋人に見せ
à son petit ami ?　　　　　　　　　　　　るかな？

— Bien sûr. Elle va *la lui* montrer.　　　　—もちろん．見せるよ．

§32 関係代名詞 (1) qui, que, ce qui, ce que

Je viens de recevoir *cette lettre*.	私はこの手紙を今受け取ったばかりだ.
Je montre *cette lettre* à mon père.	私はこの手紙を父に見せる.

上の2つの文を結合して,「私は今受け取ったばかりのこの手紙を父に見せる.」という1つの文にする場合, フランス語では関係代名詞を用いて以下のようにする.

Je montre à mon père cette lettre **que** *je viens de recevoir.*

上の文の関係節 *que je viens de recevoir* の部分は, cette lettre を修飾する役割を果たすので形容詞節ともいう. cette lettre のように形容詞節に修飾される名詞は先行詞という.

1) **qui** 先行詞が関係節中の動詞の主語となる場合. 先行詞は人でも物でもよい.

Connaissez-vous la dame **qui** parle avec Rose ?	ローズと話をしている女性をご存じですか？
Pourquoi utilise-t-il toujours ce vieux frigo **qui** fait du bruit ?	どうして彼はやかましい音をたてるこの古い冷蔵庫を相変わらず使っているのだろう？

2) **que** 先行詞が関係節中の動詞の直接目的語の場合. 先行詞は人でも物でもよい.

C'est le film **que** j'aime le plus.	これは私が一番好きな映画です.
Le garçon **que** vous voyez là est l'un de mes meilleurs élèves.	あそこにいる少年は私の最も優秀な生徒のひとりです.

3) **ce qui, ce que** （ce が先行詞の役割を果たしている）～するもの（こと）

Ce qui m'intéresse surtout, c'est la peinture française.	私が特に興味を持っているのは, フランス絵画です.
Il y a tout **ce que** vous voulez aux Champs-Élysées.	シャンゼリゼにはあなたの欲しいものが何でもあります.

EXERCICES

1. [ ] 内の動詞を適切な形に活用させて（ ）内に記入し，全文を日本語に訳しなさい.

  (1) Elles (　　　　　　　) conduire un camion.　　　　　　　　　　[savoir]

  (2) Je (　　　　　　　) ce vieux monsieur qui passe devant l'église. [connaître]

  (3) Vous (　　　　　　) ce que je veux dire ?　　　　　　　　　　　[voir]

  (4) Mes enfants (　　　　　　　) le petit déjeuner à sept heures du matin.

  　　　　　　　　　　　　　　　　　　　　　　　　　　　　　　[prendre]

2. 次のイタリック体の部分を代名詞にして，書き出しにしたがって肯定あるいは否定で答えなさい.

  (1) Ils prennent *le train express* pour aller en banlieue ? — Non,

  (2) Votre frère va-t-il lire *ces livres* pour ses études ? — Oui,

  (3) Tu ne téléphones pas *à tes parents* ? — Si,

  (4) Vous offrez *cette bague à votre fiancée* ? — Oui,

3. （ ）内に適切な関係代名詞を入れ，全文を日本語に訳しなさい.

  (1) Connaissez-vous la dame (　　　　　　　) vient toujours au supermarché avec une jeune fille pour faire ses courses ?

  (2) Le gâteau (　　　　　) j'aime le plus, c'est la tarte au citron.

  (3) Ce (　　　　　) n'est pas clair n'est pas français. (Rivarol, *De l'universalité de la langue française*)

1-63

VERSION

  (1) On voit la tour Eiffel de mon hôtel qui donne sur la Seine.　Je veux prendre beaucoup de photos des monuments historiques de Paris.

  (2) Nicolas met ses mains sur ses oreilles parce que sa mère lui fait toujours des remarques qu'il n'a pas envie d'écouter.

THÈME

(1) 今夜私は名古屋へ行くために 8 時の列車に乗ります.

(2) 「ここから見えるあの山の名前を知っていますか？」「いいえ, 私は知りません.」

> J'ai déjà lu ce roman.　　その小説はもう読みました.

1-64

§33　さまざまな否定

ne ~ pas	Il ne vient pas ce soir.	彼は今晩来ない.
ne ~ plus	Je ne fume plus.	私はもうたばこを吸っていない.
ne ~ jamais	Elle ne sort jamais toute seule.	彼女は決してひとりで外出しない.
ne ~ rien	Je n'entends rien.	私には何も聞こえない.
ne ~ personne	Il n'y a personne dans la classe.	教室には誰もいない.
ne ~ aucun	Je n'ai aucune envie de manger.	全く食欲がありません.
ne ~ ni ~ ni ~	Je ne suis ni bon ni honnête.	僕は善良でも正直でもない.

否定形を用いた制限表現

ne ~ que

Cet homme n'aime que l'argent.　　あの男が好きなのは金だけだ.

note "ne ~ que" の場合は意味の上では否定にならないので, 直接目的語につく不定冠詞・
部分冠詞が de となる原則は適用されない.

Il ne mange que du riz.　　彼はご飯しか食べない.

cf. Il ne mange jamais de viande.　　彼は決して肉を食べない.

1-65

§34　過去分詞の形態

主な動詞の過去分詞の形は次のとおりである.

-er 動詞	-er	→ **-é**	aimer	→ aimé		
-ir 動詞	-ir	→ **-i**	finir	→ fini		
			partir	→ parti		
その他の動詞	avoir	→ eu [y]	être	→ été	aller	→ allé
	venir	→ venu	faire	→ fait	dire	→ dit
	rendre	→ rendu	prendre	→ pris	lire	→ lu
	voir	→ vu	savoir	→ su	connaître	→ connu
	mettre	→ mis	ouvrir	→ ouvert		

過去分詞の終わり方は, -é, -i, -u, -s, -t の５種類だけである.

note 過去分詞の用法は §55

直説法複合過去

複合過去は，形の上では英語の現在完了と同じであるが，英語とは違ってフランス語では，過去に起こった出来事を述べる場合に用いられる．過去に起こった出来事の結果としての現在の状態，現在までの経験を表す用法もある．

1) 形態

1-66

助動詞 avoir の現在＋過去分詞

chanter

j'ai chanté	nous avons chanté
tu as chanté	vous avez chanté
il a chanté	ils ont chanté
elle a chanté	elles ont chanté

1-67

助動詞 être の現在＋過去分詞

少数の自動詞（移動を表す動詞が多い）では，助動詞に être を用いる．

その自動詞のうち主なものは，次のような動詞である．[ ] 内は過去分詞．

aller [allé], venir [venu], revenir [revenu], devenir [devenu], sortir [sorti], entrer, rentrer, partir [parti], arriver, monter, descendre [descendu], tomber, rester, naître [né], mourir [mort].

この場合，過去分詞は主語と性・数の一致をする．

aller

je suis allé(e)	nous sommes allé(e)s
tu es allé(e)	vous êtes allé(e)(s)
il est allé	ils sont allés
elle est allée	elles sont allées

2) 用法

 a. 過去の行為，出来事を表す.

  J'ai vu Françoise devant la bibliothèque けさフランソワーズを図書館の前
  ce matin. で見かけた.

  Marie est allée au théâtre avec Paul hier soir. マリーはきのうの晩ポールと芝居
    を見に行った.

  Quand est-ce que Jean a écrit cette lettre ? ジャンがこの手紙を書いたのはい
    つですか？

  — Il y a trois jours. — 3日前です.

  note il y a ＋時間表現は「〜前に」を表す時間表現.

 b. 過去の行為の結果としての現在の状態，現在までの経験を表す.

  J'ai fini mes devoirs. 宿題は済ませました.
  Votre train est déjà parti. あなたが乗る予定の列車はもう出てしまいました.
  Le président est sorti. 社長は外出しています.
  Je n'ai pas encore vu vos parents. 私はまだあなたのご両親にお目にかかったこと
    はありません.

  一般に文学作品などでは, a. の意味は単純過去 (☞ **Leçon 18** で学ぶ) で表される.

EXERCICES

1. 各文の動詞を複合過去にして全文を書き換えなさい.

(1) Je ne comprends pas le texte.

(2) Mes amis français arrivent au Japon cet été.

(3) Certains de mes camarades lisent des romans de Balzac.

(4) Vous visitez le Musée d'Orsay ce week-end ?

2. 日本語にあわせて適切な否定語句をいれなさい.

(1) (　　　　) ne partage cet avis.
    誰もその意見には賛成しない.

(2) Je n'ai (　　　) compris.
    私は何も理解できなかった.

(3) Je ne manque (　　　) les cours.
    もう授業を休みません.

(4) Elle ne m'a donné (　　　) indication.
    彼女は私に何の指示も与えてくれなかった.

1-69

VERSION

(1) En quelle année êtes-vous né ?
    — Je suis né en 1970. Cette année-là, l'Exposition universelle a eu lieu
    pour la première fois au Japon.

(2) Aujourd'hui, maman est morte. Ou peut-être hier, je ne sais pas. J'ai reçu
    un télégramme de l'asile : « Mère décédée. Enterrement demain. Senti-
    ments distingués. » (Camus, *L'Étranger*)
    (Sentiments distingués : 敬具)

(3) Mon oncle est un végétarien très strict. Il ne mange jamais de viande.
    Il n'aime ni le café ni le thé et ne boit que de l'eau minérale.
    (boit < boire ☞ 付録 §74 を参照)

(1) マルタンさんはいらっしゃいますか. ―10分前に事務所を出ました. まだ戻ってきていません. でも1時間後にはここにいるはずです. （いる：être là）

(2) この夏パリに旅行したのですか.
　―はい, とても楽しかったです. 凱旋門やルーブル美術館を見学し, おいしいフランス料理を食べました.

Leçon 9 | 命令形　受動態　関係代名詞 (2)　序数詞

> Tous les produits de cette entreprise sont fabriqués au Japon.
> この会社の製品はすべて日本で作られている.
> Restez là où vous êtes.　そのままそこにいてください.

§36 | 命令形

1-70

1) 命令形には，2人称単数（tu に対する命令），1人称複数（nous に対する命令），2人称複数（vous に対する命令）があり，直説法現在形の活用の主語人称代名詞（tu, nous, vous）のない形と考えてよい. tu, vous に対する命令は，「～しなさい」，nous に対する命令は「～しよう，～しましょう」という勧誘の意味になる. 否定命令文は，動詞をne とpas ではさむ.

	chanter	aller	ouvrir	finir	faire
(tu)	**chante**	**va**	**ouvre**	finis	fais
(nous)	chantons	allons	ouvrons	finissons	faisons
(vous)	chantez	allez	ouvrez	finissez	faites

✎note -er 動詞と ouvrir 型動詞（☞ **付録 §74 2) a** 参照）および aller は，tu に対する命令では語尾の s を取る.

Parlez plus fort.	もっと大きな声で話してください.
Va jouer avec tes amis.	友達といっしょに遊びに行きなさい.
Ne marche pas si vite.	そんなに速く歩かないで.
Chantons ensemble.	いっしょに歌いましょう.

1-71

2) être, avoir は特殊な形の命令形を持つ.

	être	avoir
(tu)	sois	aie
(nous)	soyons	ayons
(vous)	soyez	ayez

✎note savoir, vouloir も特殊な命令形を持つ.（☞ 巻末の動詞変化表参照）

Soyez gentils envers tout le monde.	みんなに優しくしなさい.
Ayons du courage.	元気を出しましょう.
N'aie pas peur.	怖がらなくていいよ.

3) 肯定命令文の代名詞の語順

直接目的語，間接目的語の人称代名詞，中性代名詞は動詞の直後にハイフンでつなぐ．ただし1人称，2人称の人称代名詞は自立形 (moi, toi) を用いる．

Si vous n'avez pas encore fini vos devoirs, finissez-les aussitôt que possible.	宿題を済ませていないのなら，できるだけ早く済ませなさい．
Donnez-moi un conseil, s'il vous plaît.	アドバイスをお願いします．

直接目的語と間接目的語の人称代名詞が二つあるときは，直接目的語－間接目的語の語順になる．

Ce parapluie est à Pierre. Donne-le-lui.	その傘はピエールのだ．彼に渡してやれよ．

note 否定命令文の場合は平叙文と同じ語順になる．

Cette nouvelle va sans doute inquiéter ma mère. Ne la lui apprenez pas.	このニュースを聞くと恐らく母は心配する．母にはそれを教えないように．

1-72

§37 受動態

能動態の文の直接目的語を主語にして，「～が～される」という受け身の意味を表す形である．受動態の文は，次のような形になる．

主語＋ être ＋他動詞の過去分詞（par＋動作の主体）

Tous les produits de cette entreprise sont fabriqués en Chine.	この会社の製品はすべて中国で作られている．
Le suspect a été interrogé par la police.	容疑者は警察の取り調べをうけた．
Ce roman a été écrit par un romancier français très connu.	この小説はフランスのとても有名な小説家が書いたものだ．

1) 過去分詞は主語と性・数の一致をする．

2) 受動態の時制は être の時制によって示される．

3) 感情や状態を表す場合は par ではなく，de を用いる．

Marie est respectée de tout le monde.	マリーはみんなから尊敬されている．
Le sommet de cette montagne est toujours couvert de neige.	この山の頂上はいつも雪におおわれている．

§38 関係代名詞 (2) dont, où

1) **dont**：前置詞 **de** を含む関係代名詞．先行詞は人でも物でもよい.

J'ai un ami dont la mère est une actrice célèbre.	私の友人に母親が有名な映画スターの人がいます.
C'est un accident dont on ignore encore la cause.	それはまだ原因のわかっていない事故です.
Voilà le roman dont on parle beaucoup en ce moment.	ほらこれが今とても評判になっている小説です. (parler de)

2) **où**：場所または時の関係を表す関係代名詞

C'est la ville où est né mon père.	そこが父の生まれた町です.
Je ne peux pas oublier le jour où je l'ai rencontré pour la première fois.	初めて彼に出会った日のことは忘れられません.

§39 序数詞

1er, 1ère	premier, première	11^e	onzième
2^e	deuxième (second, e)	12^e	douzième
3^e	troisième	13^e	treizième
4^e	quatrième	14^e	quatorzième
5^e	cinquième	15^e	quinzième
6^e	sixième	16^e	seizième
7^e	septième	17^e	dix-septième
8^e	huitième	18^e	dix-huitième
9^e	neuvième	19^e	dix-neuvième
10^e	dixième	20^e	vingtième

1) 日付は 1 日のみ序数詞. le premier avril 4 月 1 日   le onze mai 5 月 11 日

2) 君主名は 1 世のみ序数詞. François Ier フランソワ 1 世   Louis XVI ルイ 16 世

EXERCICES

1. 例にならって，主語に対応する命令文にしなさい．(4) はイタリック体の部分を人称
代名詞にすること．

　　(例) Vous dites la vérité. → Dites la vérité.
　(1) Tu ne manges pas dans cette salle. →
　(2) Nous avons du respect pour nos ancêtres. →
　(3) Nous sommes patients. →
　(4) Vous donnez *ce ticket à Marie.* →

2. 能動態の文は受動態に，受動態の文は能動態に書き換えなさい．
　(1) Mozart a composé cette symphonie à Paris.
　(2) On cultive les raisins même dans le nord de l'Europe.
　(3) Cette chanson est connue de tout le monde.
　(4) Le contenu de ce site a été modifié par un pirate informatique.
　　 (un pirate informatique : ハッカー)

3. 各文の (　) に適切な関係代名詞を入れなさい．
　(1) Voici M. Sorita, le pianiste (　　　　) je t'ai si souvent parlé.
　(2) On entend seulement le bruit des crayons dans la salle (　　　　) des
élèves sont en train de passer un examen.
　(3) M. Martin, (　　　　) vous connaissez bien le fils, est professeur de
mathématiques.
　(4) Le printemps, c'est la saison (　　　　) tout commence.

VERSION

　(1) Tu as vu le nouveau film dont tout le monde parle depuis une semaine ?
— Ne me raconte surtout pas l'histoire ! Je vais le voir ce week-end
avec des amis.
　(2) L'imprimerie a été inventée par Gutenberg au XVᵉ siècle. La « Bible de
Gutenberg » est le premier livre imprimé en Europe à l'aide de caractères
mobiles. (caractères mobiles : 活字)

THÈME

(関係代名詞を用いて書くこと)
　(1) 窓がセーヌ川に面しているホテルを予約しました．
　(2) 私がバカンスを過ごす村は静かでとても美しいところです．

> Elle est encore dans son bureau ? — Non, elle n'y est plus.
> 彼女はまだ会社にいますか. ―いえ，もういません.

§40 中性代名詞

　性・数の変化をしない. 文中の位置は目的語人称代名詞の位置と同様，動詞（助動詞）の直前. ただし，他の代名詞と同時に用いられるときは，y, en は（y, en が同時に用いられるときは y, en の順で）それらより後に置く.

1-76
1) **le**

　a. 動詞の不定詞もしくは文や節の内容を受けて，直接目的語となる.

Si elle veut sortir, je le lui permets.　彼女が出かけたがっているのならそうさせてあげます.

Savez-vous qu'il est déjà parti ?
— Oui, je le sais.　彼がすでに出発したことをご存じですか.
　―ええ，知っています.

　b. 形容詞や名詞に代わり，補語となる.

Vous êtes encore étudiants ?
— Oui, nous le sommes toujours.　あなた方はまだ学生ですか.
　―ええ，まだ学生です.

Il n'est pas riche, mais il veut l'être.　彼は裕福ではないが，そうなりたいと思っている.

1-77
2) **en**

　a. de ＋場所

Il est né à Paris, et il en est parti à l'âge de 18 ans.　彼はパリ生まれで，18才の時にパリを離れました.

　b. de ＋名詞相当の内容（名詞・不定詞・節）を受ける.

Tu as vu ce film ? On en parle beaucoup.　この映画観た？評判になっているよ.（parler de）

Prêtez-moi ce dictionnaire, s'il vous plaît. J'en ai besoin pour écrire ma composition.　その辞書貸してください. 作文を書くのに必要なんです. (avoir besoin de)

Il a réussi et il en est fier.　彼は成功し，それが自慢だ.（être fier de）

📝 note de ＋人の場合は，de ＋人称代名詞の自立形を使う.

c. 動詞の直接目的語として，部分冠詞，不定冠詞，否定のde，数量副詞，数形容詞のついた語に代わる．

Avez-vous des enfants ? お子様はいらっしゃいますか．
— Oui, j'en ai. (= j'ai des enfants.) —はい，います．
— Oui, j'en ai deux. (= j'ai deux enfants.) —はい，二人います．
Voulez-vous du vin ? —ワインをお飲みになりますか．
— Oui, j'en veux un peu. —はい，少しいただきます．
(= je veux un peu de vin.)
— Non, je n'en veux pas. —いいえ，結構です．
(= je ne veux pas de vin.)

1-78

3) **y**

a. à, dans, sur, sousなど場所を表す前置詞＋名詞に代わり，場所を表す．

Connaissez-vous Lyon ? リヨンをご存じですか．
— Oui, j'y suis allé l'année dernière. —ええ，去年行きました．

Elle est encore dans son bureau ? 彼女はまだ会社にいますか．
— Non, elle n'y est plus. —いえ，もういません．

b. à + 名詞相当の内容（名詞・動詞の不定詞・節）を受ける．

Aimez-vous jouer au baseball ? 野球をするのはお好きですか．
— Oui, nous y jouons souvent. —ええ，よくやります．(jouer à)

Pensez-vous à votre avenir ? あなたは将来のことを考えますか．
— Oui, j'y pense toujours. —ええ，いつも考えています．(penser à)

 à + 人 の場合は，lui あるいは leur で受ける．
Jean m'a écrit et je dois lui répondre. (= répondre à Jean)
cf. Jean m'a envoyé une lettre et je dois y répondre. (= répondre à cette lettre)

§41 指示代名詞

1-79

1) **ce**

性・数の変化はしない．

a. être の主語として用いられる．

C'est bien. それで結構です（よろしい）．
C'est un plaisir de travailler avec ces gens. あの人たちといっしょに仕事をするのは楽しい．

b. ce qui ..., ce que ...のように関係節を伴って「...するもの（こと）」という意味を表す。（☞ §32 参照）

C'est ce que je veux.	それが私の望んでいることです。

1-80
2) **ça, cela**

「これ」，「それ」，「あれ」

性・数の変化はしない。

C'est ça.	そうです。
Ça m'est égal.	どちらでもいいです。
J'ai acheté ça au supermarché près de la gare.	それは駅の近くのスーパーで買った。
Tout cela n'est qu'une question de point de vue.	それはすべて物の見方の違いにすぎない。

note ceci を cela と対比して使うこともある。その場合には，ceci が「こちら（のもの）」，cela が「そちら（のもの）」という意味。

Ceci est meilleur que cela.	こちらの方がそちらよりもよい。

1-81
3) **celui, celle, ceux, celles**

何らかの限定を伴って用いられ，次のように性・数の変化をする。

	男性	女性
単数	celui	celle
複数	ceux	celles

a. 名詞の繰り返しを避けるために用いる。

Ce n'est pas ma chambre, c'est celle de mon frère (= la chambre de mon frère).	これは私の部屋ではなくて，兄の部屋です。

b. celui qui ..., ceux qui ... のように，関係節を伴って「...する人」という意味を表す。

Ceux qui sont riches ne sont pas toujours heureux.	お金持ちの人がいつも幸せとは限らない。

c. celui-ci, celui-là のように -ci, -là をつけた形もある。

物を直接指して「こちら（のもの）」，「あちら（のもの）」という意味を表す。

Voilà les deux nouvelles voitures de notre société. Celle-ci est un peu plus chère que celle-là.	わが社の新車2台です。こちらの車の方があちらの車よりも少し高いです。

1-82

§42 | 強調構文

C'est … qui … . C'est … que … .

主語を強調する場合には，C'est … qui … . を用いる．主語以外の文の要素を強調
する場合には，C'est … que … . を用いる．

C'est moi qui suis venue la première.	最初に来たのは私です.
C'est Jean que je cherche.	私がさがしているのはジャンです.
C'est à ses parents que Louise a écrit hier.	ルイーズがきのう手紙を書いたのは両親に宛ててだ.
C'est demain que mon père part pour la France.	父がフランスに行くのは明日だ.

note 主語が強調される場合，qui の後の動詞は主語の人称に一致する．

EXERCICES

1. 適切な指示代名詞を入れなさい.

(1) Fais (　　　　　　) que tu veux.

(2) Quelle fleur aimez-vous le plus ? — (　　　　　)-là.

(3) Il n'y a pas de plaisir plus grand que (　　　　　) de goûter ce chocolat.

2. 例にならって, イタリック体の部分を中性代名詞にして, 肯定または否定で答えなさい.

(例) Avez-vous acheté *des œufs* ? → Oui, j'en ai acheté.

(1) Tu as besoin *de repos* ? → Non,

(2) Vous pensez souvent *au mariage de votre fils* ? → Oui,

(3) Est-ce que je peux *prendre des photos ici* ? → Oui,

(4) Elles sont déjà *retraitées* ? → Non,

1-83

VERSION

(1) Ses parents sont sévères avec lui ?
— Non, ils ne le sont pas du tout. Ils sont plutôt indulgents avec lui.

(2) Parmi les étudiants, il y en a qui travaillent sérieusement et il y en a d'autres qui ne travaillent pas du tout.

THÈME

(1) 嘘をつく人は友達の信頼を失います. (嘘をつく：mentir　信頼を失う：perdre la confiance)

(2) 日本では学年が始まるのは 4 月です. (強調構文を用いて書くこと) (学年：année scolaire)

> Quand je suis rentrée, mon père préparait le dîner.
>
> 私が帰宅した時，父は夕食のしたくをしていた．

§43 直説法半過去

半過去は，過去のある時点，時期における状態や，過去のある時点，時期において進行中の出来事を表す．

複合過去が現在から見て，すでに完了したものとして出来事をとらえるのに対して，半過去は過去のある時点において，まだ進行中のものとして出来事をとらえる．過去のある時点，時期において繰り返される動作，習慣も半過去で表される．
（☞ **付録** §75 図参照）

2-1

1) 形態

半過去の形は，次のとおりである．

aimer

j'aimais	nous aimions
tu aimais	vous aimiez
il aimait	ils aimaient
elle aimait	elles aimaient

語　尾

je	-ais	nous	-ions
tu	-ais	vous	-iez
il	-ait	ils	-aient
elle	-ait	elles	-aient

半過去の語尾はすべての動詞に共通である．

語幹は直説法現在1人称複数形から語尾 -ons を除いたものである．

finir	nous finissons	je finissais
avoir	nous avons	j'avais
faire	nous faisons	je faisais

ただし，être のみは例外（直説法現在 nous sommes）で，次のようになる.

2-2

être

j'étais	nous étions
tu étais	vous étiez
il était	ils étaient

2-3

2) 用法

a. 過去のある時点における状態，継続中の動作を表す.

J'ai vu Jean-Paul ce matin. Il avait l'air fatigué.　けさジャン＝ポールに会った. 彼は疲れているようだった.

Quand je suis rentré à la maison, mon frère faisait ses devoirs.　私が家に帰った時，弟は宿題を していた.

b. 過去における習慣を表す.

Quand nous étions petites, ma sœur et moi, nous allions à l'école ensemble.　子供の頃，姉と私はいっしょに 登校していた.

c. 時制の一致：間接話法で主文の動詞が過去時制の場合，直接話法での現在は 半過去になる．この場合の半過去は「過去における現在」を表している.

Elle m'a dit : « Je suis fatiguée. »
Elle m'a dit qu'elle était fatiguée.　彼女は私に，「私は疲れている の.」と言った.

Il m'a dit : « J'habite à Paris depuis trois ans. »　彼は私に，「僕はパリに住んで
Il m'a dit qu'il habitait à Paris depuis trois ans.　3年になる.」と言った.

§44 直説法大過去

大過去は，過去のある時点よりもさらに前に起こった出来事を表す．形の上で同じである英語の過去完了と，基本的な用法も同じである．

1) 形態

大過去の形は，次のとおりである．

助動詞 avoir, être の半過去＋過去分詞

2-4

chanter

j'avais chanté	nous avions chanté
tu avais chanté	vous aviez chanté
il avait chanté	ils avaient chanté
elle avait chanté	elles avaient chanté

2-5

aller

j'étais allé(e)	nous étions allé(e)s
tu étais allé(e)	vous étiez allé(e)(s)
il était allé	ils étaient allés
elle était allée	elles étaient allées

助動詞として avoir を用いるか être を用いるかの区別は，複合過去の場合と全く同じである．さらに，この区別は大過去に限らず，すべての複合形（前未来，前過去など）においても同じである．

2-6

2) 用法

a. 過去のある時点において，すでに完了している行為，出来事を表す．

Il a perdu la montre que son père lui avait achetée*.	彼は父親が買ってくれた時計をなくした．
Quand Paul est arrivé à la gare, son train était déjà parti.	ポールが駅に着いた時には，彼が乗る予定の列車はもう出てしまっていた．

✎ note 他動詞の直接目的語が過去分詞の前にある場合の過去分詞の一致．
☞ §48 過去分詞の一致 2) a. 参照

b. 時制の一致：間接話法で主文の動詞が過去時制の場合，直接話法での複合過去は大過去になる．この場合の大過去は「過去における過去」を表している．

Il m'a dit : « J'ai vu Rose hier. »　　　　　彼は私に「きのうローズに会ったよ．」と

Il m'a dit qu'il avait vu Rose la veille.　　言った．

✎ note　時制の一致において，下の例のように時の表現も変化するので注意すること．ただし，状況によっては変化しない場合もある（たとえば，主文の動詞が過去時制であっても，発話が同じ日になされた場合など）．

直接話法		間接話法（主文の動詞が過去時制の場合）	
hier	きのう	la veille	その前日
aujourd'hui	今日	ce jour-là	その日
demain	明日	le lendemain	その翌日

2-7

§45 所有代名詞

「私のもの」，「君のもの」などという意味で，先に出ている名詞の繰り返しを避ける働きがある．

先に出ている名詞の性・数に対応して，次の表のような形になる．

			所有される対象			
			男性単数	女性単数	男性複数	女性複数
所有する人	単数	1人称	le mien	la mienne	les miens	les miennes
		2人称	le tien	la tienne	les tiens	les tiennes
		3人称	le sien	la sienne	les siens	les siennes
	複数	1人称	le nôtre	la nôtre	les nôtres	
		2人称	le vôtre	la vôtre	les vôtres	
		3人称	le leur	la leur	les leurs	

Ma chambre est beaucoup plus petite que la tienne(= ta chambre).　　　僕の部屋は君の部屋よりずっと狭い．

L'ordinateur d'Emma est de la même marque que le mien(= mon ordinateur).　　　エマのコンピュータは私のと同じメーカーのものだ．

● EXERCICES

1. 下の日本語の意味になるよう，（　）の中の動詞を適切な過去時制（複合過去，半過去，大過去）の形にして文を完成させなさい.

 (1) Vous (lire) le livre que je vous (prêter) ?
   私がお貸しした本を読まれましたか.

 (2) Hier, ma grand-mère (mourir). Elle (avoir) 85 ans.
   きのう，祖母が亡くなった. 85 歳だった.

 (3) Nous (regarder) un film français dans le salon, quand notre fille (entrer).
   私たちがリビングでフランス映画を見ていたら，娘が入ってきた.

 (4) Quand j'(habiter) à Paris, j'(aller) souvent à la cathédrale Notre-Dame.
   パリに住んでいた時，私はよくノートルダム大聖堂に行ったものだ.

2. 直接話法の文は間接話法に，間接話法の文は直接話法に書き換えなさい.

 (1) Au téléphone, mes copains m'ont dit hier : « Nous sommes au Viêt-nam depuis huit jours. »

 (2) J'ai dit à mes parents : « Je vous ai envoyé un cadeau de Noël hier. »

 (3) Mes enfants nous ont dit qu'ils étaient arrivés à Marseille ce jour-là.

 (4) Emmanuelle a expliqué à son médecin qu'elle avait de la fièvre depuis la veille.

2-8

● VERSION

 (1) Les souris dansaient joyeusement dans le grenier, pendant que le chat dormait.

 (2) Maman, j'ai cassé la vitre avec le ballon. — Je t'avais dit de faire attention !

 (3) Après sa victoire à Wimbledon, Novak Djokovic a remercié son entraîneur : « C'est ton trophée autant que le mien. »
  （Novak Djokovic : ノバク・ジョコビッチ）

● THÈME

 (1) 私がカミーユ (Camille) の家に迎えに行った時，彼女はすでに出かけていました.

 (2) 彼女が入試に合格したことを私は知りませんでした.

 (3) 待って，それ君の靴じゃないよ. 僕のだよ.

64

Comment ça se dit en français ?
これはフランス語ではどう言うのですか？

§46　代名動詞

　主語と同じものを指す再帰代名詞を伴った動詞を代名動詞と呼び，フランス語ではよく用いられる．代名動詞には，再帰用法を始めいくつかの用法がある．

　再帰代名詞は，通常の目的格人称代名詞と同じく動詞の前に置く．再帰代名詞の形は，通常の１人称・２人称の目的格代名詞と同じである．ただし，３人称は単数・複数，男性・女性にかかわらず se となる．

形態

2-9

se coucher（寝る）

je me couche	nous nous couchons	
tu te couches	vous vous couchez	
il se couche	ils se couchent	

否定

je ne me couche pas　　　nous ne nous couchons pas
tu ne te couches pas　　　vous ne vous couchez pas
il ne se couche pas　　　ils ne se couchent pas

2-10

複合過去形

複合過去を始め，複合時制では代名動詞は常に être を助動詞にとる．

je me suis couché(e)　　　nous nous sommes couché(e)s
tu t'es couché(e)　　　vous vous êtes couché(e)(s)
il s'est couché　　　ils se sont couchés
elle s'est couchée　　　elles se sont couchées

note1 複合時制では，再帰代名詞が間接目的語であるときは，過去分詞は無変化．それ以外の時は再帰代名詞（＝主語）の性・数に一致させる（☞ §48 2) 参照）．

note2 肯定命令形では，通常の代名詞と同様，再帰代名詞はハイフンを付けて後置する．

　Couchez-vous ici, je vais vous examiner.　　　ここで横になってください．検査します．
　cf. Ne te couche pas trop tard.　　　あまり夜ふかししちゃだめだよ．

§47 代名動詞の用法

2-11

1) 再帰用法 A

「自分を~する，自分に~する」というように理解できる用法．再帰代名詞は直接目的語，または間接目的語の役割を果たす.

Notre petit chat s'est caché derrière le divan.	うちの猫はソファーの後ろに隠れた.
On se lève tôt en France.	フランスではみんな早起きだ.
Je me demande si je vais télécharger ce logiciel.	このソフトをダウンロードしようかなあ. (間接目的語)

再帰用法 B

主語の身体の一部が目的語になっている場合，フランス語では原則として代名動詞を用いる．その場合，再帰代名詞は間接目的語になる．従って，過去分詞の性数の一致はない.

Elle s'est lavé le visage.	彼女は顔を洗った.
Il s'est cassé la jambe pendant les vacances.	彼は休暇中に足を折った.

2) 相互用法

「互いに~する」というように理解できる用法．再帰代名詞は動詞の構文によって直接目的語，または間接目的語の役割を果たす.

Nous nous sommes rencontrés à la soirée chez Isabelle.	私たちはイザベルの家のパーティーで出会った.　(直接目的語)
On se tutoie ici.	ここでは堅苦しいのは無しです.　(互いに tu で呼びあいましょう. on＝nous)
Ils se sont écrit souvent autrefois.	彼らは以前はよく手紙を書きあった. (間接目的語)

2-12

3) 受動用法

他動詞の目的語を主語にして，「~される」「~できる」のように理解できる用法．再帰代名詞は直接目的語とみなす.

Comment ça se dit en français ?	これはフランス語でどう言うのですか?

Cette voiture se gare facilement.	この車は駐車しやすい.
Le champagne se boit frappé.	シャンパンはよく冷やして飲むものです.
Ça se mange ?	これ, 食べられる?

> 　受動用法の主語は意志を持たない3人称のものやことを表し, 人は主語になれません. この用法は通常の受動態と異なり, 例文からも分かるように主語の一般的性格・属性などを述べるので, 特定の時間に起こった個別的なことは述べられません. 従って, 主として現在形と半過去形で用いられます.
>
> 　主語と動詞の関係が受動態と同じですが, 訳は受動にこだわる必要はありません. また, 主語と動詞だけの時, もしくは難易度を表す副詞を伴っている場合は, 「〜できる」のように可能性のニュアンスを帯びるのが一般的です. また, 「〜すべきである, 〜するものである」といった, 指示・規範・習慣のニュアンスを帯びることもよくあります.

4) 自発的用法

　構造的には 3) の受動用法に似ているが, 事態を「自然に起こる, 起こった」と捉えて述べる用法. 再帰代名詞は直接目的語とみなす.

Cette ville s'est vite agrandie.	この街はあっという間に大きくなった.
La porte s'est ouverte sans bruit.	扉が音も無く開いた.
Une fois coupées, les fleurs se fanent en quelques jours.	一度切られると花は数日でしおれる. (☞ 過去分詞については§55 参照)

5) 本来的用法

　1) 〜 4) のように, もとの動詞から論理的に意味を導き出せない代名動詞. 代名動詞でしか用いないものや, 常に前置詞をとる熟語的なものも含まれる. 再帰代名詞は直接目的語とみなす.

a. もとの動詞と意味が異なるもの

aller : s'en aller

Tu t'en vas ou tu restes ?	行ってしまうのかい, それとも残るのかい?

attendre : s'attendre à

Je ne m'attendais pas à une telle difficulté.	このような困難があろうとは予想していませんでした.

servir : se servir de

    Tu peux te servir de mon smartphone.   私のスマホ，使っていいよ．

b. 代名動詞としてしか用いられないもの

    Ne te moque pas de nous.   私たちのことからかわないで．

    Le voleur s'est enfui en moto.   泥棒はバイクで逃げた．

    Je me souviens de cette soirée.   そのパーティーのことは覚えています．

§48 過去分詞の一致

1) 主語との一致

être を介して主語にかかる過去分詞は主語の性・数に一致させる．

  a. 助動詞に être をとる自動詞の複合時制

    Ma mère est déjà partie.   母はもう出かけてしまった．

    Ils sont arrivés de Paris hier.   彼らはきのうパリから来ました．

  b. 受動態

    Cette maison a été construite en un mois.   この家は一ヶ月で建てられた．

    Camille est aimée de tous ses camarades.   カミーユは友達みんなから好かれている．

2) 直接目的語との一致

  a. 他動詞の直接目的語が過去分詞の前にある場合

    La voiture qu'il a achetée est assez spacieuse.   彼がこんど買った車はかなり広い．

    Cette lettre, je l'ai écrite moi-même.   その手紙は僕が自分で書いたんです．

  b. 代名動詞構文で再帰代名詞が直接目的語であるか，または直接目的語と見なされる場合

    Elle s'est regardée dans la glace.   彼女は鏡で自分の姿を見た．

    La branche s'est cassée à cause de la neige.   枝が雪のせいで折れた．

EXERCICES

1. 例にならって ［ ］内の動詞の過去分詞を （ ）内に記入して，文を完成させなさい（過去分詞の一致に注意すること）.

(例) Elle a (　　　　　　　) des photos de cette ville.　　　　　　[prendre]
→ Elle a (pris) des photos de cette ville.

(1) Il m'a (　　　　　　　) ce qu'il avait dans sa poche.　　　　　[montrer]

(2) Cette symphonie a été (　　　　　　　) par Saint-Saëns.　　　[composer]

(3) C'est une histoire que j'ai (　　　　　　　) dans mon enfance.　[lire]

2. 各文の動詞を複合過去にして，全文を書き換えなさい.

(1) Elle se promène dans le jardin.

(2) Mes enfants se lavent les mains avant le repas.

(3) Elles se voient souvent devant la cantine.

(4) Nous nous téléphonons de temps en temps.

2-15

 VERSION

(1) Il y a beaucoup de monde au carrefour. Qu'est-ce qui s'est passé ?

(2) Quand chacun fait ses propres règles, tout se dérègle.

(3) Un médicament, ça ne se prend pas à la légère !

(4) Les relations entre ces deux pays se sont nettement améliorées.

THÈME

(1) サッカーに興味はありますか. — いいえ，ありません. (…に興味がある：s'intéresser à…)

(2) 私たちはお互い助け合わなければならない.

不定代名詞・不定形容詞

　何であるか，誰であるかを特定しないで指すときに使います．実際には何であるか，誰であるか分かっている場合もあるので訳しかたに注意する必要があります．中には不定形容詞としても不定代名詞としても使われるものもあります．

chacun(e)

Chacun a sa méthode.	各自，自分のやり方がある．
Chacun ses goûts.（諺）	各人，好みは様々．

quelqu'un

Il y a quelqu'un ?	誰かいますか？
Quelqu'un m'a volé mon portefeuille hier à la gare.	きのう駅で誰かに財布をとられました．

quelque chose

Tu as fait quelque chose hier ?	きのうは何かしたかい？
J'ai quelque chose à te dire.	ちょっと話があるんだけど．

☆ quelqu'un と quelque chose は，不特定の人・ものを指す場合と，誰・どれと分かっている特定の人・ものを指す場合とがあるので注意．

personne (＝英：nobody)

Personne n'est venu.	誰も来なかった．

rien (＝英：nothing)

Finalement, je n'ai rien acheté.	結局何も買わなかった．

☆ personne と rien は ne と共に用いられる．rien は複合時制では過去分詞の前に置く．

chaque

Il fait du tennis chaque samedi.	彼は毎土曜日テニスをしています．

certain(e)

On parle français dans certains pays d'Afrique.	アフリカのいくつかの国ではフランス語が話されています．
Certains n'aiment pas le soleil.	日に当たりたくない人もいる．

☆ 単数形は不定冠詞と共に用いられて「ある，ある程度の，かなりの」の意味になる．

quelque （可算名詞の前で複数で用いる）

Il y a quelques erreurs dans ce livre.	この本には誤りがいくつかある．

☆ 不可算名詞の前で un peu de の意味で用いられる場合もある．
　Cela fait quelque temps qu'on ne s'est pas vus. 　少しの間お会いしませんでしたね．

aucun(e)

Je n'ai aucune nouvelle de Pierre.	ピエールから全く知らせがない．

☆ aucun(e) は ne と共に用いられる．

13

非人称構文　直説法単純未来　直説法前未来

> ## Il pleuvra demain.　明日は雨でしょう.

§49　非人称構文

　天候・存在その他を表し，形式上の主語 il をとり，３人称単数形でのみ用いられる.

2-17

1) 天候・存在・時間を表す

pleuvoir（過去分詞：plu）, neiger, faire, y avoir, être, se trouver, exister, etc.

Au Japon, il pleut beaucoup en juin.	日本では６月によく雨が降る.
Quel temps fait-il ?	どんな天気ですか？
— Il fait beau. (mauvais, froid, chaud, frais, doux, etc.)	— 天気がよい. (悪い, 寒い, 暑い, 涼しい, 穏やか, …)
Il y a beaucoup d'arbres dans ce parc.	この公園には木が多い.
Quelle heure est-il ?	何時ですか？
— Il est cinq heures et demie.	— ５時半です.

2) 必要性を表す

falloir

Il faut bien réfléchir avant d'acheter.	買う前によく考えないといけません.
Il m'a fallu deux heures pour terminer ce travail.	この仕事を終えるのに２時間かかりました.

note pleuvoir, neiger, falloir は非人称でしか用いられない.

2-18

3) 転化的非人称・仮主語

arriver, venir, sortir, naître, mourir, rester, manquer などももともと非人称でない自動詞が，非人称に転化して用いられることがある. 意味上の主語が動詞の後に来る.

Hier, il est arrivé un accident de voiture.	きのう，自動車事故が起こった.
Il te reste encore deux heures.	君にはまだ２時間残っているよ.
Il manque une assiette.	お皿が一枚足りない.
Il est difficile de lire ce livre en une semaine.	この本を一週間で読むのは難しい.

Il me semble que cet enfant est
très fatigué.

この子はとても疲れているように見えます.

 note 仮主語の場合，日常語では，il est の代わりに c'est がよく用いられる.

§50 直説法単純未来

1) 形態

単純未来の形は，次のとおりである.

2-19

aimer		finir	
j'aimerai	nous aimerons	je finirai	nous finirons
tu aimeras	vous aimerez	tu finiras	vous finirez
il aimera	ils aimeront	il finira	ils finiront

2-20

avoir		être	
j'aurai	nous aurons	je serai	nous serons
tu auras	vous aurez	tu seras	vous serez
il aura	ils auront	il sera	ils seront

活用語尾はすべての動詞に共通で，不定詞の -r（ただし，-re の時は e を省く）の
後に avoir の直説法現在形にほぼ等しい -ai ; -as ; -a ; -ons ; -ez ; -ont をつける.

ただし，être と avoir のように，一部特殊な未来語幹を持つものがある :

voir → je verrai   venir → je viendrai   aller → j'irai   pouvoir → je pourrai
faire → je ferai   savoir → je saurai   vouloir → je voudrai

je	-rai	nous	-rons
tu	-ras	vous	-rez
il	-ra	ils	-ront

2-21

2) 用法

未来に起こる事柄や推量を表す. 命令，依頼にも使われる.

Alors, on se verra au mariage de
François ?

じゃ，フランソワの結婚式でまた会えるかな.

Je reviendrai dans un an ;
tu m'attendras, j'espère !

1年たったら戻ってくるから，待っていてね !

Si vous travaillez mieux le semestre
prochain, vous réussirez à l'examen.　君たちもし来学期もっと勉強すれば，
試験に受かるよ.

§51 直説法前未来

1) 形態

前未来の形は，次のとおりである.

助動詞 avoir, être の単純未来＋過去分詞

2-22

aimer

j'aurai aimé	nous aurons aimé
tu auras aimé	vous aurez aimé
il aura aimé	ils auront aimé
elle aura aimé	elles auront aimé

2-23

aller

je serai allé(e)	nous serons allé(e)s
tu seras allé(e)	vous serez allé(e)(s)
il sera allé	ils seront allés
elle sera allée	elles seront allées

2-24

2) 用法

未来のある時点ですでに完了している事柄を表す（未来完了）.

Quand je serai à la gare, vers six
heures, ton train sera déjà arrivé.　6時ごろ，私が駅に着く時には，君の列車はもう到着
しているだろう.

J'aurai terminé ce travail
avant cinq heures !　私は5時までにこの仕事を終えているだろう.

EXERCICES

次の［　］内の動詞を，一方を単純未来に，他方を前未来に活用させ，全文を書き換えなさい．

(1) Paul [quitter] déjà son bureau quand sa femme [arriver].
（déjà は過去分詞の前に置く）

(2) Tu [pouvoir] sortir dès que tu [finir] tes devoirs.

(3) Vous nous [raconter] ce que vous [voir] pendant votre voyage.

2-25

VERSION

(1) Il fait beau et chaud aujourd'hui, mais le temps sera nuageux et frais demain.

(2) Il faut beaucoup de temps et d'efforts pour apprendre une langue étrangère.

(3) Je ferai de mon mieux pour réussir au concours d'entrée.

THÈME

(1) すぐに出発しなくてはなりません．

(2) 僕にはすべきことがまだ多く残っている．（非人称構文を用いて書くこと）

(3) 日本に戻って来たら私たちの家に来てくださいね．（単純未来・前未来を用いて書くこと）

14

En lisant cette revue, tu comprendras mieux la politique française.

この雑誌を読めばフランスの政治がもっとよく分かるよ．

2-26

§52 現在分詞の形態

現在分詞は直説法現在形1人称複数形の語幹に **-ant** をつけて作る．

不定詞	現在形1人称複数形	現在分詞	
		単純形	複合形（完了形）
marcher	nous marchons	march**ant**	ayant marché
aller	nous allons	all**ant**	étant allé
obéir	nous obéissons	obéiss**ant**	ayant obéi
prendre	nous prenons	pren**ant**	ayant pris

例外：être → **étant**；avoir → **ayant**；savoir → **sachant**

2-27

§53 現在分詞の用法

現在分詞は基本的には形容詞的に働き，もっとも近い名詞・代名詞にかかる．ただし性・数の変化はしない．

Cette émission montre des jeunes dénonçant la pollution.
この番組は環境汚染を告発している若者たちのことを扱っている．

Je l'ai surprise bavardant avec son voisin pendant le cours.
彼女が授業中に隣の人とおしゃべりをしているところを注意した．

主語に同格的にかかる場合は，英語の分詞構文と同様，同時性，先行性，原因・理由，仮定・条件，対立・譲歩などのニュアンスを表す．この用法は書きことばで用いられる．

Tremblant d'émotion, Paul lui a demandé sa main.
ポールはどきどきしながら彼女に結婚の申し込みをした．（同時性・付帯状況）

主動詞の表すことよりも以前に起こったことは複合形（完了形）で表す．

Ayant dîné, ils sont allés au concert.
夕食を食べ終わって彼らはコンサートに行った．（先行性）

現在分詞がそれ自身の主語を持つ絶対分詞構文は，主として原因・理由を表す．

Le feu passant au vert, la voiture a démarré. 　　信号が青に変わったので車は発進した．

§54 ジェロンディフ

〈en＋現在分詞〉という形をジェロンディフと呼ぶ．ジェロンディフは副詞的に主動詞にかかり，同時性，原因・理由，手段，仮定・条件，対立・譲歩などの意味を表す．ジェロンディフの意味上の主語は，多くの場合，主動詞の主語と一致する．現在分詞だけの分詞構文と意味的に重なる部分も多いが，日常語ではジェロンディフを用いる．

La nuit dernière, mon petit frère a pleuré en rêvant.	昨夜，弟は夢を見て泣いた．（←見ながら）（同時性）
En lisant cette revue, tu comprendras mieux la politique française.	この雑誌を読めばフランスの政治がもっとよく分かるよ．（条件）
En le voyant blessé, sa mère a éclaté en sanglots.	彼がけがをしているのを見て，彼のお母さんはわっと泣きだした．（原因・理由）
En rendant visite aux personnes âgées du village, il a pu collecter de vieux contes de la région.	村のお年寄りを訪ねることで彼はこの地方の昔話を集めることができた．（手段）

 tout を伴い〈tout en＋現在分詞〉の形をとった場合は対立・譲歩または同時性の意味を表す．

Tout en sachant la vérité, il ne m'a rien dit. 　本当のことを知りながらも，彼は私に何も言わなかった．

§55 過去分詞の用法

1) 助動詞 avoir, être とともに複合時制を作る．

Ce tremblement de terre a provoqué des dégâts importants.	この地震で甚大な被害が出た．
Elle est née en 1990.	彼女は 1990 年に生まれた．

2) être とともに受動態を作る．

Il a été grondé par sa mère.	彼は母親にしかられた．

3) 形容詞と同じく，名詞に直接かかる.

Ici on vend des broches faites à la main.　　ここでは手作りのブローチを売っている.

4) 主語に同格的にかかり，現在分詞による分詞構文と同様の働きをする.

Fatiguée, elle s'est couchée tôt.　　疲れていたので彼女は早く寝た.

5) それ自身の主語を持った，絶対分詞構文を作る.

Le pont franchi, la rue commence
à monter.　　橋を過ぎると道は登りになる.

2-30

§56 知覚動詞と使役動詞

1) 知覚動詞

voir, regarder, entendre, écouter, sentir など＋直接目的語＋不定詞または現在分詞

J'ai vu Emma jouer du piano.　　エマがピアノを弾いているのが見えた.

Je l'ai entendue chanter.　　彼女が歌っているのが聞こえた.

Nous sentons l'hiver approcher.　　冬が近づいて来るのを感じる.

note 不定詞が目的語を伴わない場合，不定詞が先に来ることもある.

Nous sentons approcher l'hiver.

2) 使役動詞

faire＋不定詞 ～に～させる

Le général a fait venir ses soldats.　　将軍は部下の兵士たちを来させた.

note 先行する目的語と過去分詞の一致は適用されない.

Il les a fait venir.　　彼は彼らを来させた.（過去分詞は不変）

不定詞が他動詞で直接目的語を伴う場合.

Rose a fait ranger leur chambre à
(par) ses enfants.　　ローズは子どもたちに自分たちの部屋を
片づけさせた.

laisser＋不定詞 ～に～させておく

Laisse-moi parler sans m'interrompre.　　話の邪魔をせずにしゃべらせてくれ.

Marie a laissé faire ses filles.　　マリーは娘たちの好きなようにさせた.

● EXERCICES

1. 各文の従属節をジェロンディフまたは現在分詞を用いた文に書き換えなさい.

   (1) Si vous prenez un taxi pour aller à l'aéroport, vous y arriverez à temps.

   (2) Il a réussi au concours d'entrée à l'École Polytechnique, parce qu'il avait beaucoup travaillé. (École Polytechnique : 理工科学校. グランド・ゼコルの名門の一つで, 各界のエリートを輩出している.)

   (3) Elle a écouté de la musique pendant qu'elle faisait ses devoirs.

2. [ ] 内の動詞の過去分詞を適切な形にして ( ) 内に記入し, 全文を日本語に訳しなさい.

   (1) Tu cherches tes sœurs ? Je les ai (   ) tout à l'heure à l'entrée du bâtiment.   [voir]

   (2) Ce sont les lettres d'amour (   ) par ton père.   [écrire]

   (3) (   ) par cette nouvelle, elle a perdu ses mots.   [surprendre]

2-31

● VERSION

   (1) J'ai regardé l'avion décoller depuis la fenêtre en imaginant ma nouvelle vie.

   (2) Tout en étant très jeune, mon neveu a connu un grand succès dans ses affaires.

   (3) Née le 19 août 1883 et morte le 10 janvier 1971, Gabrielle Chanel, dite « Coco Chanel », a été une grande styliste de la haute couture française. Faisant toujours preuve de simplicité et d'élégance dans ses créations, elle a révolutionné le vêtement féminin. (styliste : デザイナー)

● THÈME

((1), (2) はジェロンディフを用いること.)

   (1) こんなに遅くまで起きていたら, 明日の朝寝坊をしてしまうよ.

   (2) このサッカー選手は膝を痛めながらも練習を続けた. (膝を痛める : s'abîmer le genou)

   (3) 私たちは隣の家の庭で何かが爆発するのを耳にした.

15

疑問代名詞 (2)　疑問副詞　直接疑問文と間接疑問文
関係代名詞 (3)

> Avec qui êtes-vous fâché ?　　　誰に腹をたてているのですか？

§57 疑問代名詞 (2)

「誰？」「何？」（性数の変化なし）

	主　語	直接目的語	補　語	前置詞の後
誰？	Qui Qui est-ce qui	Qui Qui est-ce que	Qui	前置詞 + qui
何？	Qu'est-ce qui	Que Qu'est-ce que	Qu'est-ce que	前置詞 + quoi

1) 人の場合：前置詞 + qui

À qui offres-tu ce bouquet de fleurs ?　　　誰にこの花束をあげるの？

Avec qui va-t-elle jouer au tennis ?　　　彼女は誰とテニスをするのですか？

2) 物の場合：前置詞 + quoi

À quoi pensez-vous ?　　　何のことを考えているのですか？

De quoi parlez-vous ?　　　何のことを話しているのですか？

 前置詞の後や文頭以外では que ではなく，自立形 quoi を用いる.

§58 直接疑問文と間接疑問文

間接疑問文では倒置は行われず，疑問符もつけない.

1) 疑問詞のない疑問文は，接続詞 si を用いる.

Est-elle déjà partie ?

Dis-moi *si* elle est déjà partie.　　　彼女はもう出かけたのか教えて.

2) Qu'est-ce qui で始まる疑問文は，疑問詞の部分を ce qui とし，Que, Qu'est-ce que で始まる疑問文は，疑問詞の部分を ce que とする.

Qu'est-ce qui ne va pas ?
Dites-moi *ce qui* ne va pas.　　　　　　何がうまくいかないのか教えてください.

Que cherche-t-il ?
Tu sais *ce qu'*il cherche ?　.　　　　　彼が何を探しているのか知っている？

Qu'est-ce que vous regardez ?
Dites-moi *ce que* vous regardez.　　　　何を見ているのか教えてください.

3) その他の疑問詞で始まる疑問文は，疑問詞をそのまま用いる.

Qui attendez-vous ?
Dites-moi *qui* vous attendez.　　　　　誰を待っているのか教えてください.

Pourquoi Alice est-elle absente ?
Je me demande *pourquoi* Alice est absente.　どうしてアリスは来ていないのだろう.

2-34

§59 ｜ 関係代名詞 (3)：que, 前置詞 + qui, lequel

先行詞	主　語	直接目的語 補　語	間接目的語・状況補語	
人	qui	que	前置詞 + qui	dont
物			前置詞 + lequel	

☞ qui（主語），que（直接目的語）については §32, dont については §38を参照.

1) **que**：補語としても用いられる.

Thomas n'est plus le bon joueur de foot　　トマはもはやかつての優れた
qu'il était autrefois.　　　　　　　　　　サッカー選手ではありません.

2) **前置詞 + qui**：先行詞は人に限る.

La petite fille avec qui Chloé se promène　　クロエがいっしょに散歩している
est sa nièce.　　　　　　　　　　　　　　女の子は彼女の姪です.

3) **lequel**：疑問代名詞 lequel（☞【補足】p.83）と同形で先行詞と性・数を一致
させる．多くの場合，前置詞 + lequel の形で物を先行詞として用いられるが，
時に先行詞を明確にするため qui に代わって用いられることもある．

C'est la raison pour laquelle il est occupé. それが彼の忙しい理由です.

Je connais bien le frère de Léa, lequel 私はレアの弟をよく知っている.
travaillait avec moi. 彼は私と働いていたのだ.

1. 各文についてその話法を変えなさい.

(1) Clément m'a demandé si je voulais un dessert.

(2) Paul m'a demandé : « Qu'est-ce qui s'est passé ? »

(3) Ma sœur lui a demandé ce qu'il avait acheté au marché aux puces.
(le marché aux puces のみの市，フリーマーケット)

(4) Jean-Paul nous a demandé : « Qui veut du café ? »

2. 各文の（　）に適切な関係代名詞または前置詞を入れなさい.

(1) Ce sont les raisons (　　　) (　　　　　　) ils n'ont pas pu venir à l'heure.

(2) Je vous donnerai la carte d'invitation (　　　) (　　　　　) vous pourrez aller voir gratuitement l'exposition de Picasso.

2-35

VERSION

(1) Je me demande si mes parents vont approuver mes projets d'avenir.

(2) C'est grâce à votre aide que j'ai pu terminer ce travail. Je ne sais pas comment je peux vous remercier.

(3) On a entendu une nouvelle incroyable, selon laquelle la cathédrale avait brûlé.

THÈME

(1) どうしてあなたは賛成じゃないのか，私に言ってください.（賛成である：être d'accord）

(2) 誰がベルナール (Bernard) の後任になるのかまだ分かりません.（後任になる：remplacer）

【補足】

疑問代名詞 lequel「どれ？　誰？　どちら？」
定冠詞 le (la, les) + quel (quelle, quels, quelles) の形から作られます.

	男性・単数	女性・単数	男性・複数	女性・複数
	lequel	laquelle	lesquels	lesquelles
à +	auquel	à laquelle	auxquels	auxquelles
de +	duquel	de laquelle	desquels	desquelles

　一定のグループの中からあるものや人を選び出す時に使われます. おおよそ英語の which に当たりますが, そのグループが話し手・聞き手に自明の時は, 通常の疑問代名詞ですますこともよくあります.

Laquelle de ces voitures est la plus chère ?　これらの車の中でどれが一番高価ですか？

比較

a) À qui as-tu demandé de venir demain ?　誰に明日来るようにと頼んだのですか？

b) Auxquels de ces étudiants avez-vous demandé de vous aider ?　これらの学生の誰に手伝ってくれるように頼んだのですか？

　「どれ？　誰？　どちら？」と人やものがそこから選び出されるグループが, 聞き手にも分かっているときには, a) のように通常の疑問代名詞で尋ねますが, そこから選び出されるグループが聞き手に分かっていないか, あるいははっきりと述べたいときには, b) のように lequel 形を用います.

Leçon 16 | 条件法

> Si j'étais libre ce soir, je sortirais avec toi.
> もし今晩ひまだったら，君と出かけるのに．

§60 | 条件法の形態

1) 条件法現在

2-37

aimer

j'aimerais	nous aimerions
tu aimerais	vous aimeriez
il aimerait	ils aimeraient

finir

je finirais	nous finirions
tu finirais	vous finiriez
il finirait	ils finiraient

2-38

avoir

j'aurais	nous aurions
tu aurais	vous auriez
il aurait	ils auraient

être

je serais	nous serions
tu serais	vous seriez
il serait	ils seraient

活用語尾（すべての動詞に共通）

je	-rais	nous	-rions
tu	-rais	vous	-riez
il	-rait	ils	-raient

直説法単純未来形の語幹 ＋ r ＋ 直説法半過去形の活用語尾

（例）j'aurais → au + r + ais

2) 条件法過去

2-39

aimer

j'aurais aimé	nous aurions aimé
tu aurais aimé	vous auriez aimé
il aurait aimé	ils auraient aimé

aller

je	serais allé(e)	nous	serions allé(e)s
tu	serais allé(e)	vous	seriez allé(e)(s)
il	serait allé	ils	seraient allés
elle	serait allée	elles	seraient allées

助動詞 avoir, être の条件法現在＋過去分詞

（助動詞が être のとき，過去分詞は主語と性・数の一致をする）

§61　条件法の用法

1) 法としての用法

  a.　条件文

    [現在（あるいは未来）の事実に反する仮定] に対する帰結

<table>
<tr><td>条件節　　　　　主　節
Si＋直説法半過去, 条件法現在</td><td>（…ならば…なのに）</td></tr>
</table>

S'il faisait beau, j'irais me promener.　　天気がよければ，散歩に出かけるのに.

    [過去の事実に反する仮定] に対する帰結

<table>
<tr><td>条件節　　　　　主　節
Si＋直説法大過去, 条件法過去</td><td>（…だったならば…だったのに）</td></tr>
</table>

S'il avait fait beau hier, je serais allé me promener.　　きのう天気がよければ，散歩に出かけたのに.

📝 note1　未来において実現可能な条件文は，次の形をとる.

<table>
<tr><td>Si＋直説法現在, 直説法単純未来</td></tr>
</table>

    S'il fait beau demain, j'irai me promener.　　明日お天気なら，散歩に出かけます.

note2 条件は常に si によって導かれるとは限らない.

Que ferais-tu à ma place ?	私の立場だったらどうする？
Sans votre aide, je n'aurais pas pu réaliser mon projet.	あなたの援助がなければ私の計画は実現できなかったでしょう．

b. 語気緩和・推測

Je voudrais essayer cette jupe.	このスカートを試着したいのですが．
Pourriez-vous me donner votre adresse ?	住所を教えていただけませんか？
Un accident terrible a eu lieu sur l'autoroute : il y aurait deux morts et quatre blessés.	高速道路でひどい事故があった．死者が2名，負傷者が4名いる模様だ．

c. 後悔・非難

J'aurais dû dire la vérité à mes parents.	両親に本当のことを言うべきだった．
Tu aurais pu aider ton vieil ami quand il avait des difficultés.	君は旧友が窮地に陥っていたときに，手助けしてやることもできただろうに．

d. 婉曲な否定

Merci pour l'invitation. J'accepterais si mon travail me le permettait.	ご招待ありがとうございます，仕事の都合がつけばお受けしたのですが…．
C'était une performance brillante. Cependant, le début aurait pu être meilleur.	見事な演奏だったよ，だけど出だしはもっとうまくやれたんじゃないかな．

2-42

2) 時制としての用法

　　主節の動詞が過去時制のとき，従属節において，条件法現在は「過去から見た未来」を，また条件法過去は「過去から見た前未来（未来完了）」を表す．

Il m'a dit qu'il partirait le lendemain. (*cf.* Il m'a dit : « Je partirai demain. »)	彼は翌日出発すると私に言った．
Il m'a dit qu'il partirait dès qu'il aurait eu son passeport. (*cf.* Il m'a dit : « Je partirai dès que j'aurai eu mon passeport. »)	彼はパスポートが手に入り次第出発すると私に言った．

● EXERCICES

1. 主節の動詞を (1) (2) は条件法現在に, (3) (4) は条件法過去に変え, 条件節の動詞を適切な形にして全文を書き換えなさい.

   (1) Si j'ai le temps, je ferai un tour à la librairie.
   (2) Tu me manqueras si tu ne viens pas avec moi.
   (3) S'il ne pleut pas, nous ferons une fête dehors.
   (4) Il réussira mieux s'il va faire ses études en France.

2. [　] 内の動詞を条件法現在または条件法過去に活用させて, 全文を書き換えなさい.

   (1) Il est trop tard pour la séance du film. Vous [devoir] partir plus tôt.
   (2) Elle m'a dit que, dès qu'elle [lire] ce livre, elle me le [rendre].
   (3) Je vous [être] très reconnaissant si vous m'employiez pour ce poste.
   (4) Sans votre aide, nous [ne jamais finir] nos études il y a cinq ans.

2-43

● VERSION

   (1) Il y a un concert intéressant, si nous y allions ensemble ?
   (2) Le chauffeur aurait perdu le contrôle de son véhicule à cause de la fatigue ou du mauvais état de la route.
   (3) J'aurais aimé commencer cette histoire à la façon des contes de fées. J'aurais aimé dire : « Il était une fois un petit prince qui habitait une planète à peine plus grande que lui, et qui avait besoin d'un ami. » Pour ceux qui comprennent la vie, ça aurait eu l'air beaucoup plus vrai.

   (Saint-Exupéry, *Le Petit Prince*)

● THÈME

   (1) あの日先生の講演を聴いていなかったら, この学科を選ぶことはなかったでしょう. (講演：conférence, 学科：département)
   (2) 本は読んだら返すと彼は言った.

Leçon 17 | 接続法

> **Il faut que j'aille à la bibliothèque.**　図書館に行かないといけない.

§62 　接続法

　直説法が事柄を客観的な情報として伝えるために用いられるのに対して，接続法は，事柄を主節の主語または語り手のさまざまな主観や感情（願望，心配，憤慨など）の対象として述べるために用いられる.

　接続法で述べられる事柄はあり得る可能性としてとらえられている場合もあれば，すでに起こっている場合もあるが，いずれにしろ事柄を情報として伝えることが目的ではなく，語り手や主節の主語がその事柄に対してどういう態度をとっているかという部分に重点がある.

　従って接続法は原則として接続詞 que およびその他の接続詞や，関係代名詞の後で用いられ，主節で用いられることはない.

Elle est heureuse.　　　　　　　　　彼女は幸福だ.

Je souhaite qu'elle soit heureuse.　　彼女が幸福であるように祈ります.

§63 　接続法の形態

1) 接続法現在

　　語幹は直説法現在3人称複数形から語尾 ent をとりのぞいたもの. 例外的な語幹をとるものを除いて，複数1人称，2人称は直説法半過去と同じ形になる.

aimer

j'aime	nous aimions
tu aimes	vous aimiez
il aime	ils aiment

finir

je finisse	nous finissions
tu finisses	vous finissiez
il finisse	ils finissent

partir

je parte	nous partions
tu partes	vous partiez
il parte	ils partent

venir

je vienne	nous venions
tu viennes	vous veniez
il vienne	ils viennent

note1 現在形の語尾はすべての動詞に共通（avoir, être は例外）：

je	-e	nous	-ions
tu	-es	vous	-iez
il	-e	ils	-ent

note2 例外的な語幹をとる動詞：

aller ：j'aille, tu ailles, il aille, nous allions, vous alliez, ils aillent
savoir ：je sache, … nous sachions, …
pouvoir：je puisse, … nous puissions, …
faire ：je fasse, … nous fassions, …

　　他に vouloir, valoir, falloir

note3 avoir, être は語幹も語尾も例外

2-46

avoir

j'aie	nous ayons
tu aies	vous ayez
il ait	ils aient

être

je sois	nous soyons
tu sois	vous soyez
il soit	ils soient

2-47

2) 接続法過去

助動詞 avoir, être の接続法現在＋過去分詞

finir

j'aie fini	nous ayons fini
tu aies fini	vous ayez fini
il ait fini	ils aient fini
elle ait fini	elles aient fini

venir

je sois venu(e)	nous soyons venu(e)s
tu sois venu(e)	vous soyez venu(e)(s)
il soit venu	ils soient venus
elle soit venue	elles soient venues

§64 接続法の用法

2-48

1) 名詞節

a. 主節に意志，願望，命令，疑惑，否定，感情などを表す次のような動詞，形容詞句があるとき：

vouloir, demander, ordonner, désirer, souhaiter, aimer, douter, craindre, avoir peur, nier, ignorer, regretter, s'étonner, être content, être heureux, être fâché, etc.

Je veux que tu partes pour la France avec moi.	私といっしょにフランスに行ってほしい．
Je suis très content que mon fils ait réussi au concours d'entrée à l'université.	息子が大学の入学試験に合格して私はとても満足です．
Elle craint que son fils ne* prenne froid.	彼女は息子が風邪をひかないかと心配している．

✎ note 虚辞の ne. 意味上否定ではないが，心理的な否定のニュアンスを反映している．

b. 語り手の判断を表す次のような非人称構文において：

il faut, il suffit, il vaut mieux, il se peut, il est possible (nécessaire, utile, étrange, étonnant, regrettable, dommage, normal, naturel, douteux), etc.

Il faut que tu y ailles tout de suite.	君はすぐに行かなければならない．
Il est possible que ma mère soit déjà arrivée à Paris.	母はもうパリに着いたかもしれない．

c. 主節の述語（penser, croire, comprendre, dire, être sûr など判断を表す動詞，形容詞）が否定形，疑問形で，従属節の内容が不確実なとき：

Je ne pense pas qu'il soit malade.	彼が病気だとは思わない．
Croyez-vous qu'elle puisse terminer son travail si vite ?	彼女がそんなに早く仕事を終えることができると思いますか？

2-49

2) 副詞節

まだ実現していないか，実現する可能性のある事柄，実現してほしくない事柄を導く接続詞，その他譲歩などを導く次のような接続詞（句）の後：

（時）avant que, jusqu'à ce que ;（目的）pour que, afin que ;（危惧）de peur que, de crainte que ;（条件）pourvu que, à moins que, à condition que ;（対立）bien que, quoique ;（譲歩）qui que, quoi que, quelque … que, où que ;（否定）sans que, etc.

Attendez ici jusqu'à ce que je revienne.　　　私が戻ってくるまでここでお待ち
　　　　　　　　　　　　　　　　　　　　　　　　　　ください.

J'ai téléphoné à ma mère pour qu'elle　　　　私は母が安心するように電話をか
soit rassurée.　　　　　　　　　　　　　　　　けた.

Bien qu'il fasse encore froid, il est　　　　　まだ寒いけれども,　散歩するのは
agréable de se promener.　　　　　　　　　　気持ちがいい.

3)　形容詞節

　　a.　先行詞の存在が否定されていたり,　先行詞の存在が不確実な場合:

　　Il n'y a personne qui sorte par un temps　　こんな天候のときに出かける人は
　　pareil.　　　　　　　　　　　　　　　　　　誰もいない.

　　Y a-t-il quelqu'un qui puisse répondre　　　誰かこの質問に答えられる人はい
　　à cette question ?　　　　　　　　　　　　　ますか?

　　Je cherche un secrétaire qui sache parler　　私はフランス語を話すことができ
　　français.　　　　　　　　　　　　　　　　　る秘書を探しています.

　　b.　先行詞に最上級または premier, dernier, seul, unique など最上級に準ずる形容
　　　　詞が付いている場合:

　　Paris est la plus belle ville que j'aie visitée.　　パリは私が訪れた中で最も美しい
　　　　　　　　　　　　　　　　　　　　　　　　　町だ.

　　Il est le seul témoin qui connaisse la vérité.　　彼は真実を知っている唯一の証人だ.

4)　願望を表す慣用的な独立節,　および文頭の que に先立たれる3人称を主語とす
　　る命令文で:

　　Vive la France !　　　　　　　　　　　　　フランス万歳!
　　Qu'il entre !　　　　　　　　　　　　　　　彼を通しなさい!

[　] 内の動詞を接続法現在に活用させて全文を書き換えなさい.

  (1) Partons avant qu'il ne [pleuvoir].

  (2) Je doute fort qu'il [réussir] au concours.

  (3) Nous ne sommes pas sûrs qu'elle [être] élue députée.

  (4) Je cherche un appartement qui [avoir] une vaste cuisine.

  (5) Quelque argent qu'il [recevoir], il n'acceptera jamais ce travail.

  (6) Tu ne trouveras aucun médecin qui te [permettre] de boire de l'alcool.

  (7) C'est la personne la plus honnête que je [connaître] au monde.

  (8) Il est dommage que vous n'[avoir] pas le temps de visiter ce château.

  (9) Il a fermé la porte de peur que ses enfants ne [prendre] froid.

(10) Tu peux rester autant que tu veux, pourvu que tu me [laisser] tranquille.

2-51

VERSION

  (1) Il l'a rencontrée quand il avait 18 ans. C'était la seule femme qu'il ait aimée dans sa vie.

  (2) Je m'étonne que mon père n'ait pas laissé de testament, d'autant plus qu'il était prudent.

  (3) D'énormes dons ont été faits à notre ville depuis vingt ans, sans que personne ne sache qui est le bienfaiteur.

  (4) Que l'homme contemple donc la nature entière dans sa haute et pleine majesté [...]. (Pascal, *Pensées*)

> ## Jeanne d'Arc naquit à Domrémy.
> ジャンヌ・ダルクはドンレミ村に生まれた.

§65 直説法単純過去の形態

　単純過去は現在とはかかわらない完結した過去の事態を表す. 始めも終わりも限定されず事態の継続を示す半過去に対して，単純過去は，動作・事態をその継続時間の長さにかかわらず，始まりから終わりまでを完結した一つの全体として表す. 半過去が時間軸上の「線」としてとらえられるのに対し，単純過去は「点」としてとらえられ（☞ **付録**§76 参照），書き言葉でのみ用いられる.

活用

2-52

aimer		finir	
j'aimai	nous aimâmes	je finis	nous finîmes
tu aimas	vous aimâtes	tu finis	vous finîtes
il aima	ils aimèrent	il finit	ils finirent

2-53

avoir		être	
j'eus	nous eûmes	je fus	nous fûmes
tu eus	vous eûtes	tu fus	vous fûtes
il eut	ils eurent	il fut	ils furent

2-54

pouvoir		venir	
je pus	nous pûmes	je vins	nous vînmes
tu pus	vous pûtes	tu vins	vous vîntes
il put	ils purent	il vint	ils vinrent

単純過去の活用語尾

　a 型　語尾が -er で終わる動詞のすべて.
　i 型　語尾が -ir で終わる動詞および -re で終わる動詞の大部分.
　　　　（例外 tenir, venir とその複合語）
　u 型　語尾が -oir で終わる動詞および courir とその複合語，mourir，および語尾が
　　　　-re で終わる次の動詞．boire, connaître, croire, lire, plaire, vivre, etc.
　in型　語尾が -ir で終わる venir, tenir およびそれらの複合語.

a 型	-ai	-as	-a	-âmes	-âtes	-èrent
i 型	-is	-is	-it	-îmes	-îtes	-irent
u 型	-us	-us	-ut	-ûmes	-ûtes	-urent
in型	-ins	-ins	-int	-înmes	-întes	-inrent

§66 直説法単純過去の用法

叙事的・説話的過去．単純過去は過去において継起した事実を客観的に語り，事態の推移を示す．

La mère embrassa son fils et rentra en pleurant dans sa cabane. Elle se jeta à genoux devant une image de la Vierge et pria avec ferveur. (Mérimée, *Mateo Falcone*)

母親は息子を抱きしめると，泣きながら自分のあばらやに帰った．彼女は聖母像の前にひざまずいて，熱心に祈った．（メリメ『マテオ・ファルコネ』より一部改変）

Nous fêtions l'anniversaire de notre grand-mère, quand notre père revint de son voyage.

私たちがちょうど祖母の誕生日を祝っていたとき，父が旅行から帰ってきた．（☞ **付録 §76** 参照）

§67 直説法前過去

前過去（助動詞 avoir, être の直説法単純過去＋過去分詞）は，原則として単純過去の表す行為・出来事の直前に完了した一回限りの行為・出来事を示す．単純過去と同じく書き言葉でしか用いない．aussitôt que, dès que などの接続詞に導かれることが多い．

活用

faire

j'eus fait	nous eûmes fait
tu eus fait	vous eûtes fait
il eut fait	ils eurent fait
elle eut fait	elles eurent fait

venir

je fus venu(e)	nous fûmes venu(e)s
tu fus venu(e)	vous fûtes venu(e)(s)
il fut venu	ils furent venus
elle fut venue	elles furent venues

Aussitôt que le bateau fut parti, la mer commença à s'agiter.

船が出航するとすぐに，海が荒れ始めた．

2-57

(1) « Non, ma chère Bête, vous ne mourrez point, lui dit la Belle ; vous vivrez pour devenir mon époux ; dès ce moment, je vous donne ma main, et je jure que je ne serai qu'à vous. [...]. »

À peine la Belle eut-elle prononcé ces paroles qu'elle vit le château brillant de lumières : les feux d'artifice, la musique, tout lui annonçait une fête ; mais toutes ces beautés n'arrêtèrent point sa vue ; elle se retourna vers sa chère Bête, dont le danger la faisait frémir. Quelle fut sa surprise !

La Bête avait disparu, elle ne vit à ses pieds qu'un prince plus beau que l'Amour, qui la remerciait d'avoir fini son enchantement.

(Madame Leprince de Beaumont, *La Belle et la Bête*, 1756)

（解説）

ボーモン夫人『美女と野獣』(1756 年)のクライマックスの場面である．主人公のベルが父の家から野獣の住む宮殿に戻ると，彼女はもう帰らないと思い込んだ野獣が瀕死の状態になっていた．死にそうな野獣を見て，ベルは野獣への愛を自覚する．彼女は野獣に愛を告白し，彼の妻になることを誓った．

2-58

(2) Le printemps reparut. Elle eut des étouffements aux premières chaleurs, quand les poiriers fleurirent.

Dès le commencement de juillet, elle compta sur ses doigts combien de semaines lui restaient pour arriver au mois d'octobre, pensant que le marquis d'Andervilliers, peut-être, donnerait encore un bal à la Vaubyessard. Mais tout septembre s'écoula sans lettres ni visites.

Après l'ennui de cette déception, son cœur de nouveau resta vide, et alors la série des mêmes journées recommença.

(Flaubert, *Madame Bovary*, 1857)

（解説）

裕福な農家の娘エマ・ルオー (Emma Rouault) は，医師シャルル・ボヴァリー (Charles Bovary) と結婚するが，すぐに刺激のない生活に幻滅する．この一節で彼女は，一度招かれたアンデルヴィリエ侯爵家の舞踏会を思い出している．

（参考）

« Que prétendez-vous donc ? m'écriai-je encore. — Je prétends mourir, répondit-elle, si vous ne me rendez votre cœur, sans lequel il est impossible que je vive. — Demande donc ma vie, infidèle, repris-je en versant moi-même des pleurs que je m'efforçai en vain de retenir ; demande ma vie, qui est l'unique chose qui me reste à te sacrifier ; car mon cœur n'a jamais cessé d'être à toi. »

À peine eus-je achevé ces derniers mots, qu'elle se leva avec transport pour venir m'embrasser. Elle m'accabla de mille caresses passionnées. Elle m'appela par tous les noms que l'amour invente pour exprimer ses plus vives tendresses. Je n'y répondais encore qu'avec langueur.

(Abbé Prévost, *Manon Lescaut,* 1731)

私はまた叫んだ．「何が望みなのだ」と．彼女は答えた．「死ぬつもりです，あなたが私に心を与えてくれないなら．さもなければ生きていられないのです．」私もこらえようとしてもこらえきれない涙を流しながら，こう返した．「それなら，私の命を望みたまえ，不誠実な女よ．私の命を望むのだ．君に捧げられるものとしては，もはやそれしか私には残されていない．私の心は，ずっと君とともにあったのだから．」

この最後の言葉を言い終わるやいなや，マノンは我を忘れて立ち上がり，私に抱きついてきた．彼女は情愛をこめて，私を何度も何度も優しくなで回した．彼女は，愛がその最も激しい熱を表現するのに生み出したすべての名で私を呼んだ．それに対して，私はまだ物憂げに答えるばかりだった．

（アベ・プレヴォ『マノン・レスコー』）

§68 接続法半過去・大過去の形態

1) 接続法半過去

語幹は単純過去 2 人称単数形から語尾 s を取り除いたもの. 語幹, 語尾ともに例外はない.

語尾

je	-sse	nous	-ssions
tu	-sses	vous	-ssiez
il	-ˆt	ils	-ssent

2-60

aimer

j'aimasse	nous aimassions
tu aimasses	vous aimassiez
il aimât	ils aimassent

finir

je finisse	nous finissions
tu finisses	vous finissiez
il finît	ils finissent

2-61

avoir

j'eusse	nous eussions
tu eusses	vous eussiez
il eût	ils eussent

être

je fusse	nous fussions
tu fusses	vous fussiez
il fût	ils fussent

2-62

pouvoir

je pusse	nous pussions
tu pusses	vous pussiez
il pût	ils pussent

venir

je vinsse	nous vinssions
tu vinsses	vous vinssiez
il vînt	ils vinssent

2-63

2) 接続法大過去

助動詞 **avoir, être** の接続法半過去 + 過去分詞

finir

j'eusse fini	nous eussions fini
tu eusses fini	vous eussiez fini
il eût fini	ils eussent fini
elle eût fini	elles eussent fini

venir

je fusse venu(e)		nous fussions venu(e)s	
tu fusses venu(e)		vous fussiez venu(e)(s)	
il fût venu		ils fussent venus	
elle fût venue		elles fussent venues	

§69 接続法半過去・大過去の用法

書きことばにおいて，主節が過去の時に用いられることがある．日常語においては接続法現在と過去によって代用される．

主　節	従属節
現在形	接続法現在（主節と同時または以後の事柄） 接続法過去（主節より以前の事柄）
過去形	接続法半過去（主節と同時または以後の事柄） （接続法現在） 接続法大過去（主節より以前の事柄） （接続法過去）

Bien qu'il fût malade, il alla au Palais de Justice.

彼は病気であったが，裁判所に行った．

On s'étonna qu'elle fût partie sans dire adieu.

彼女が別れも告げずに出て行ったことに，みんなは驚いた．

§70 条件法過去第二形

接続法大過去は条件文・譲歩文などにおける条件法過去の代わりに用いられることがある．この場合の接続法大過去を条件法過去第二形と呼ぶ．また si に導かれる条件節で直説法大過去の代わりに用いられることもある．

S'il eût fait (= avait fait) plus d'efforts, il eût réussi (= aurait réussi).

もっと努力していたら，彼は成功しただろう．

Le nez de Cléopâtre : s'il eût été (= avait été) plus court, toute la face de la terre aurait changé (= eût changé). (Pascal, *Pensées*, 1670)

クレオパトラの鼻，それがもう少し低かったら，地球の表面（世界のありよう）はすっかり変わっていただろう．（パスカル『パンセ』）

VERSION

    [...] à son retour de France, Fabrice parut aux yeux de la comtesse Pietranera comme un bel étranger qu'elle eût beaucoup connu jadis. S'il eût parlé d'amour, elle l'eût aimé ; n'avait-elle pas déjà pour sa conduite et sa personne une admiration passionnée, et pour ainsi dire sans bornes ? Mais Fabrice l'embrassait avec une telle effusion d'innocente reconnaissance et de bonne amitié, qu'elle se fût fait horreur à elle-même si elle eût cherché un autre sentiment dans cette amitié presque filiale.

(Stendhal, La Chartreuse de Parme, 1838)

付　録

2-67

§71 数詞 (20 ～ 100)

20	vingt	70	soixante-dix
21	vingt et un (une)	71	soixante et onze
22	vingt-deux	72	soixante-douze
30	trente	79	soixante-dix-neuf
31	trente et un (une)	80	quatre-vingts
40	quarante	81	quatre-vingt-un (une)
41	quarante et un (une)	82	quatre-vingt-deux
50	cinquante	90	quatre-vingt-dix
51	cinquante et un (une)	91	quatre-vingt-onze
60	soixante	99	quatre-vingt-dix-neuf
61	soixante et un (une)	100	cent

2-68

§72 数詞 （100 以上）

100	cent	20 000	vingt mille
101	cent un	99 000	quatre-vingt-dix-neuf mille
199	cent quatre-vingt-dix-neuf		
200	deux cents	300 000	trois cent mille
201	deux cent un	990 000	neuf cent quatre-vingt-dix mille
299	deux cent quatre-vingt-dix-neuf		
1 000	mille	1 000 000	un million
1 200	mille deux cents	10 000 000	dix millions
1 999	mille neuf cent quatre-vingt-dix-neuf	900 002 000	neuf cent millions deux mille
2 000	deux mille	1 000 000 000	un milliard
5 000	cinq mille	10 000 000 000	dix milliards
9 900	neuf mille neuf cents		
10 000	dix mille		

note
1) cent の倍数には s をつけるが，後に数字が続く場合には s をつけない．
2) mille はどのような場合でも s をつけない．
3) million, milliard は名詞である．その倍数には s をつける．また名詞を修飾する場合

には，de が必要である（deux millions d'habitants 200万人の住民）．ただし端数がある場合には de が不要（deux millions cinq cent mille habitants 250万人の住民）．

§73 語順についての注意

A. 疑問詞を含む疑問文の語順

1. 主語が名詞の場合でも誤解がない場合，主語と動詞の倒置が許される．具体的には自動詞の場合か，他動詞の目的語を尋ねる疑問文の場合．

Quand part votre père ?　　　　　　　　　　　　お父さんはいつ出かけるのですか？

　cf. 複合倒置　Quand votre père part-il ?

Comment va votre mère ces jours-ci ?　　　　最近，お母さんはご機嫌いかがですか.

　cf. 複合倒置　Comment votre mère va-t-elle ces jours-ci ?

☆Que の後では複合倒置はできないので必ず単純倒置をする．

Que fait votre frère dans la vie ?　　　　　　お兄さんのお仕事は何ですか？

☆Pourquoi の後では単純倒置できない．

Pourquoi cette fille sourit-elle ?　　　　　　どうしてあの女の子は笑っているの？
　× Pourquoi sourit cette fille ?

2. 話し言葉では倒置をしないことも多く，また疑問詞を前置しないこともよくある．また疑問詞の後に est-ce que を挿入することもよく行われ，その時は倒置できない．

Vous vous appelez comment ?　　　　　　　なんというお名前ですか？
　cf. Comment vous appelez-vous ?

Vous partez quand ?　　　　　　　　　　　　いつ出発されるんですか？
　cf. Quand partez-vous ?

Où tu vas ?　　　　　　　　　　　　　　　　どこへ行くの？

Quand est-ce que vous partez ?　　　　　　あなたはいつ発つのですか？

Où est-ce que vous avez appris　　　　　　あなたはどこでフランス語を習ったの
le français ?　　　　　　　　　　　　　　　ですか？

3. 間接疑問文の語順

　間接疑問文でも，直接目的語・補語を尋ねる ce que の後と，場所を尋ねる où，時を尋ねる quand の後では，主語が代名詞でなく名詞であれば原則として倒置される．

Je ne sais pas où est né mon grand-père. 私は祖父がどこで生まれたのか知らない.

Pascale devine souvent ce que pense son mari. パスカルは夫が考えていることを見抜くことがよくある.

B. 関係代名詞の後の倒置について.

　　関係代名詞の後でも主語が倒置されることがよくある. 特に目的格の que, 時間または場所の先行詞をとる関係詞 où の後では主語が代名詞でなく名詞であれば原則として主語は倒置される. また dont の後でも名詞主語が倒置されることがある.

J'ai enfin trouvé le livre que recommandait notre professeur. 僕は先生が推薦していた本をやっと見つけた.

Voilà la maison où habite Claire. ほら, あれがクレールが住んでいる家だ.

§74　動詞の不定詞と直説法現在の活用

　　動詞は, 主語の人称と数に応じて変化する. この変化を**活用**といい, 変化しないもとの形を**不定詞**という. 辞書では不定詞の形で引く.

1) 動詞の不定詞語尾には4種類ある.

不定詞語尾	例
-er　[e]	danser
-ir　[iːr]	finir,　partir
-re　[r]	rendre,　lire
-oir [waːr]	recevoir,　savoir

　　語尾の形にしたがって, それぞれ -er 動詞, -ir 動詞, -re 動詞, -oir 動詞と呼ばれる.

2) 動詞の直説法現在活用語尾には大きく分けて二つの型がある.

　a. -er 動詞 (aller を除く) と一部の -ir 動詞の語尾

	単数		複数	
1人称	-e	[発音なし]	-ons	[ɔ̃]
2人称	-es	[発音なし]	-ez	[e]
3人称	-e	[発音なし]	-ent	[発音なし]

例   dans**er**   ouvr**ir**

je danse	nous dans**ons**
tu danse**s**	vous dans**ez**
il danse	ils dans**ent**

j'ouvre	nous ouvr**ons**
tu ouvre**s**	vous ouvr**ez**
il ouvre	ils ouvr**ent**

同型の動詞：couvrir, offrir, cueillir など

b.   -ir 動詞，-re 動詞，-oir 動詞の語尾

	単数		複数	
1人称	-s	[発音なし]	-ons	[ɔ̃]
2人称	-s	[発音なし]	-ez	[e]
3人称	-t	[発音なし]	-ent	[発音なし]

語幹の変化を伴うことが多い．その変化のタイプは大きく三つに分かれる．

① 語幹にない子音（ss か s が多い）が複数人称であらわれるもの

例   fin**ir**   li**re**

je finis	nous fini*ss***ons**
tu finis	vous fini*ss***ez**
il finit	ils fini*ss***ent**

je lis	nous lis**ons**
tu lis	vous lis**ez**
il lit	ils lis**ent**

同型の動詞：réussir, obéir など   同型の動詞：conduire, introduire など

                  écri**re**

j'écris	nous écri*v***ons**
tu écris	vous écri*v***ez**
il écrit	ils écri*v***ent**

② 語幹末の子音が単数人称で脱落するもの

例   part**ir**   viv**re**

je pars	nous part**ons**
tu pars	vous part**ez**
il part	ils part**ent**

je vis	nous viv**ons**
tu vis	vous viv**ez**
il vit	ils viv**ent**

✎note -dre で終わる動詞は，発音上は単数人称で語幹末の子音 [d] が脱落するが，綴り字では残る．

rendre : je rends...., nous rendons（☞ §22 参照）

③ 語幹の母音が変化するもの（単数人称で語幹末子音の脱落を伴うことが多い）

例   **savoir** (a → ai)

je s*ai*s	nous sav**ons**
tu s*ai*s	vous sav**ez**
il s*ai*t	ils sav**ent**

devoir (e → oi)

je d*oi*s	nous dev**ons**
tu d*oi*s	vous dev**ez**
il d*oi*t	ils d*oi***vent**

recevoir (e → oi)

je reç*oi*s	nous recev**ons**
tu reç*oi*s	vous recev**ez**
il reç*oi*t	ils reç*oi***vent**

同型の動詞：apercevoir, concevoir など

pouvoir (ou → eu)

je p*eu*x	nous pouv**ons**
tu p*eu*x	vous pouv**ez**
il p*eu*t	ils p*eu***vent**

同型の動詞：vouloir
pouvoir 型では 1，2 人称単数で語尾が -x になる

boire (oi → u)

je bois	nous b*u*v**ons**
tu bois	vous b*u*v**ez**
il boit	ils boiv**ent**

④ 活用語尾前の y と i が交代するもの

envoyer

j'envoi**e**	nous envoy**ons**
tu envoi**es**	vous envoy**ez**
il envoi**e**	ils envoi**ent**

後続の母音字が発音されない場合は y は用いられず，i と綴る．

voir	
je vois	nous voy**ons**
tu vois	vous voy**ez**
il voit	ils voi**ent**

前後に発音される母音字がある場合, i は用いられず y と綴る.

✏️**note** avoir (☞ §4), aller, venir (☞ §23) は 2b. の変形 (nous, vous のところは型通り), être (☞ §4) は上のどれにも属さない孤立型.

§75 | 基本時制の相互関係

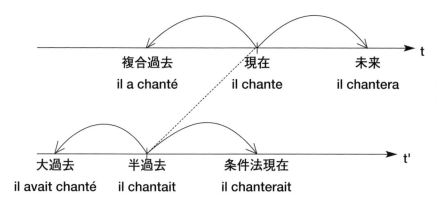

現在を基準にした時間軸 t と半過去を基準にした時間軸 t' があり, 図のように複合過去と大過去, 現在と半過去, 未来と条件法現在が対応関係にある. 話法などにおける時制の一致は t 軸上にある時制形態を t' 軸上の時制形態に変換する操作である.

Paul a dit : «Mon frère {chante / a chanté / chantera} une chanson française.»
→ Paul a dit que son frère {chantait / avait chanté / chanterait} une chanson française.

ポールは兄がフランスの歌を {歌っている / 歌った / 歌うだろう} と言った.

§76 単純過去と半過去

　主として半過去と単純過去で構成される小説などでは，単純過去は物語の本筋にかかわり，次々と展開していく出来事を表すのに用いられ，半過去はその出来事がおこる場面の状況や背景を描くのに用いられることが多い．以下の例でも下線を引いた半過去は背景を表し，その背景のもとで展開される動作は波線を引いた単純過去で表されている．

Le 2 août 1914, le gouvernement décida la mobilisation générale. Il demanda aux préfets et aux maires de mettre des affiches pour le faire savoir à tout le monde, car il n'y avait à ce moment-là ni radio ni télévision. Dans les villages, les affiches risquaient de ne pas être vues. Or, à l'époque, beaucoup de Français vivaient dans des villages. Il y avait plus de paysans que d'ouvriers ou d'employés. Comment prévenir tous ces hommes, qui travaillaient dans leurs champs ? On fit sonner le tocsin, la grosse cloche de l'église, celle qui sonne pour les enterrements, ou pour les incendies. (Antoine Prost, *La Grande Guerre expliquée à mon petit-fils*)

1914年8月2日，政府は総動員を決定した．知事や市長に対して，そのことをみんなに知らせるための掲示をするように要求した．というのも，この時にはラジオもテレビもなかったからだ．だが，農村では掲示が見られないかもしれなかった．当時，多くのフランス人は農村で生活していた．労働者や会社員よりも農民の方が多かった．では，畑で働くすべての男たちにどうやって知らせたのか．警鐘や教会の大鐘楼を鳴らさせたのであった．普段は葬式や火事の際に鳴らすものだが．（アントワーヌ・プロ『私の孫に語る第一次世界大戦』）

動 詞 変 化 表

I. aimer
II. arriver

III. être aimé(e)(s)
IV. se lever

1. avoir
2. être
3. parler
4. placer
5. manger
6. acheter
7. appeler
8. préférer
9. employer
10. envoyer
11. aller
12. finir
13. sortir
14. courir
15. fuir
16. mourir

17. venir
18. offrir
19. descendre
20. mettre
21. battre
22. suivre
23. vivre
24. écrire
25. connaître
26. naître
27. conduire
28. suffire
29. lire
30. plaire
31. dire
32. faire

33. rire
34. croire
35. craindre
36. prendre
37. boire
38. voir
39. asseoir
40. recevoir
41. devoir
42. pouvoir
43. vouloir
44. savoir
45. valoir
46. falloir
47. pleuvoir

不定形・分詞形	直　　　説　　　法		

I. aimer

不定形・分詞形	現　　　在	半　過　去	単　純　過　去
I. aimer aimant aimé ayant aimé （助動詞　avoir）	j' aime tu aimes il aime nous aimons vous aimez ils aiment	j' aimais tu aimais il aimait nous aimions vous aimiez ils aimaient	j' aimai tu aimas il aima nous aimâmes vous aimâtes ils aimèrent

命　令　法	複　合　過　去	大　過　去	前　過　去
aime aimons aimez	j' ai aimé tu as aimé il a aimé nous avons aimé vous avez aimé ils ont aimé	j' avais aimé tu avais aimé il avait aimé nous avions aimé vous aviez aimé ils avaient aimé	j' eus aimé tu eus aimé il eut aimé nous eûmes aimé vous eûtes aimé ils eurent aimé

II. arriver

不定形・分詞形	複　合　過　去	大　過　去	前　過　去
II. arriver arrivant arrivé étant arrivé(e)(s) （助動詞　être）	je suis arrivé(e) tu es arrivé(e) il est arrivé elle est arrivée nous sommes arrivé(e)s vous êtes arrivé(e)(s) ils sont arrivés elles sont arrivées	j' étais arrivé(e) tu étais arrivé(e) il était arrivé elle était arrivée nous étions arrivé(e)s vous étiez arrivé(e)(s) ils étaient arrivés elles étaient arrivées	je fus arrivé(e) tu fus arrivé(e) il fut arrivé elle fut arrivée nous fûmes arrivé(e)s vous fûtes arrivé(e)(s) ils furent arrivés elles furent arrivées

III. être aimé(e)(s)

不定形・分詞形	現　　　在	半　過　去	単　純　過　去
III. être aimé(e)(s) 受動態 étant aimé(e)(s) ayant été aimé(e)(s)	je suis aimé(e) tu es aimé(e) il est aimé elle est aimée n. sommes aimé(e)s v. êtes aimé(e)(s) ils sont aimés elles sont aimées	j' étais aimé(e) tu étais aimé(e) il était aimé elle était aimée n. étions aimé(e)s v. étiez aimé(e)(s) ils étaient aimés elles étaient aimées	je fus aimé(e) tu fus aimé(e) il fut aimé elle fut aimé e n. fûmes aimé(e)s v. fûtes aimé(e)(s) ils furent aimés elles furent aimées

命　令　法	複　合　過　去	大　過　去	前　過　去
sois aimé(e) soyons aimé(e)s soyez aimé(e)(s)	j' ai été aimé(e) tu as été aimé(e) il a été aimé elle a été aimée n. avons été aimé(e)s v. avez été aimé(e)(s) ils ont été aimés elles ont été aimées	j' avais été aimé(e) tu avais été aimé(e) il avait été aimé elle avait été aimée n. avions été aimé(e)s v. aviez été aimé(e)(s) ils avaient été aimés elles avaient été aimées	j' eus été aimé(e) tu eus été aimé(e) il eut été aimé elle eut été aimée n. eûmes été aimé(e)s v. eûtes été aimé(e)(s) ils eurent été aimés elles eurent été aimées

IV. se lever

不定形・分詞形	現　　　在	半　過　去	単　純　過　去
IV. se lever 代名動詞 se levant s'étant levé(e)(s)	je me lève tu te lèves il se lève n. n. levons v. v. levez ils se lèvent	je me levais tu te levais il se levait n. n. levions v. v. leviez ils se levaient	je me levai tu te levas il se leva n. n. levâmes v. v. levâtes ils se levèrent

命　令　法	複　合　過　去	大　過　去	前　過　去
lève-toi levons-nous levez-vous	je me suis levé(e) tu t' es levé(e) il s' est levé elle s' est levée n. n. sommes levé(e)s v. v. êtes levé(e)(s) ils se sont levés elles se sont levées	j' m' étais levé(e) tu t' étais levé(e) il s' était levé elle s' était levée n. n. étions levé(e)s v. v. étiez levé(e)(s) ils s' étaient levés elles s' étaient levées	je me fus levé(e) tu te fus levé(e) il se fut levé elle se fut levée n. n. fûmes levé(e)s v. v. fûtes levé(e)(s) ils se furent levés elles se furent levées

直　説　法	条　件　法	接　続　法	

単純未来 / 現在 / 現在 / 半過去

単純未来	現在（条件法）	現在（接続法）	半過去
j' aimerai	j' aimerais	j' aime	j' aimasse
tu aimeras	tu aimerais	tu aimes	tu aimasses
il aimera	il aimerait	il aime	il aimât
nous aimerons	nous aimerions	nous aimions	nous aimassions
vous aimerez	vous aimeriez	vous aimiez	vous aimassiez
ils aimeront	ils aimeraient	ils aiment	ils aimassent

前未来 / 過去 / 過去 / 大過去

前未来	過去	過去	大過去
j' aurai aimé	j' aurais aimé	j' aie aimé	j' eusse aimé
tu auras aimé	tu aurais aimé	tu aies aimé	tu eusses aimé
il aura aimé	il aurait aimé	il ait aimé	il eût aimé
nous aurons aimé	nous aurions aimé	nous ayons aimé	nous eussions aimé
vous aurez aimé	vous auriez aimé	vous ayez aimé	vous eussiez aimé
ils auront aimé	ils auraient aimé	ils aient aimé	ils eussent aimé

前未来 / 過去 / 過去 / 大過去

前未来	過去	過去	大過去
je serai arrivé(e)	je serais arrivé(e)	je sois arrivé(e)	je fusse arrivé(e)
tu seras arrivé(e)	tu serais arrivé(e)	tu sois arrivé(e)	tu fusses arrivé(e)
il sera arrivé	il serait arrivé	il soit arrivé	il fût arrivé
elle sera arrivée	elle serait arrivée	elle soit arrivée	elle fût arrivée
nous serons arrivé(e)s	nous serions arrivé(e)s	nous soyons arrivé(e)s	nous fussions arrivé(e)s
vous serez arrivé(e)(s)	vous seriez arrivé(e)(s)	vous soyez arrivé(e)(s)	vous fussiez arrivé(e)(s)
ils seront arrivés	ils seraient arrivés	ils soient arrivés	ils fussent arrivés
elles seront arrivées	elles seraient arrivées	elles soient arrivées	elles fussent arrivées

単純未来 / 現在 / 現在 / 半過去

単純未来	現在	現在	半過去
je serai aimé(e)	je serais aimé(e)	je sois aimé(e)	je fusse aimé(e)
tu seras aimé(e)	tu serais aimé(e)	tu sois aimé(e)	tu fusses aimé(e)
il sera aimé	il serait aimé	il soit aimé	il fût aimé
elle sera aimée	elle serait aimée	elle soit aimée	elle fût aimée
n. serons aimé(e)s	n. serions aimé(e)s	n. soyons aimé(e)s	n. fussions aimé(e)s
v. serez aimé(e)(s)	v. seriez aimé(e)(s)	v. soyez aimé(e)(s)	v. fussiez aimé(e)(s)
ils seront aimés	ils seraient aimés	ils soient aimés	ils fussent aimés
elles seront aimées	elles seraient aimées	elles soient aimées	elles fussent aimées

前未来 / 過去 / 過去 / 大過去

前未来	過去	過去	大過去
j' aurai été aimé(e)	j' aurais été aimé(e)	j' aie été aimé(e)	j' eusse été aimé(e)
tu auras été aimé(e)	tu aurais été aimé(e)	tu aies été aimé(e)	tu eusses été aimé(e)
il aura été aimé	il aurait été aimé	il ait été aimé	il eût été aimé
elle aura été aimée	elle aurait été aimée	elle ait été aimée	elle eût été aimée
n. aurons été aimé(e)s	n. aurions été aimé(e)s	n. ayons été aimé(e)s	n. eussions été aimé(e)s
v. aurez été aimé(e)(s)	v. auriez été aimé(e)(s)	v. ayez été aimé(e)(s)	v. eussiez été aimé(e)(s)
ils auront été aimés	ils auraient été aimés	ils aient été aimés	ils eussent été aimés
elles auront été aimées	elles auraient été aimées	elles aient été aimées	elles eussent été aimées

単純未来 / 現在 / 現在 / 半過去

単純未来	現在	現在	半過去
je me lèverai	je me lèverais	je me lève	je me levasse
tu te lèveras	tu te lèverais	tu te lèves	tu te levasses
il se lèvera	il se lèverait	il se lève	il se levât
n. n. lèverons	n. n. lèverions	n. n. levions	n. n. levassions
v. v. lèverez	v. v. lèveriez	v. v. leviez	v. v. levassiez
ils se lèveront	ils se lèveraient	ils se lèvent	ils se levassent

前未来 / 過去 / 過去 / 大過去

前未来	過去	過去	大過去
je me serai levé(e)	je me serais levé(e)	je me sois levé(e)	je me fusse levé(e)
tu te seras levé(e)	tu te serais levé(e)	tu te sois levé(e)	tu te fusses levé(e)
il se sera levé	il se serait levé	il se soit levé	il se fût levé
elle se sera levée	elle se serait levée	elle se soit levée	elle se fût levée
n. n. serons levé(e)s	n. n. serions levé(e)s	n. n. soyons levé(e)s	n. n. fussions levé(e)s
v. v. serez levé(e)(s)	v. v. seriez levé(e)(s)	v. v. soyez levé(e)(s)	v. v. fussiez levé(e)(s)
ils se seront levés	ils se seraient levés	ils se soient levés	ils se fussent levés
elles se seront levées	elles se seraient levées	elles se soient levées	elles se fussent levées

不 定 形 分 詞 形	直　　説　　法			
	現　　在	半　過　去	単　純　過　去	単　純　未　来
1. avoir もつ ayant eu [y]	j' ai tu as il a n. avons v. avez ils ont	j' avais tu avais il avait n. avions v. aviez ils avaient	j' eus [y] tu eus il eut n. eûmes v. eûtes ils eurent	j' aurai tu auras il aura n. aurons v. aurez ils auront
2. être 在る étant été	je suis tu es il est n. sommes v. êtes ils sont	j' étais tu étais il était n. étions v. étiez ils étaient	je fus tu fus il fut n. fûmes v. fûtes ils furent	je serai tu seras il sera n. serons v. serez ils seront
3. parler 話す parlant parlé	je parle tu parles il parle n. parlons v. parlez ils parlent	je parlais tu parlais il parlait n. parlions v. parliez ils parlaient	je parlai tu parlas il parla n. parlâmes v. parlâtes ils parlèrent	je parlerai tu parleras il parlera n. parlerons v. parlerez ils parleront
4. placer 置く plaçant placé	je place tu places il place n. plaçons v. placez ils placent	je plaçais tu plaçais il plaçait n. placions v. placiez ils plaçaient	je plaçai tu plaças il plaça n. plaçâmes v. plaçâtes ils placèrent	je placerai tu placeras il placera n. placerons v. placerez ils placeront
5. manger 食べる mangeant mangé	je mange tu manges il mange n. mangeons v. mangez ils mangent	je mangeais tu mangeais il mangeait n. mangions v. mangiez ils mangeaient	je mangeai tu mangeas il mangea n. mangeâmes v. mangeâtes ils mangèrent	je mangerai tu mangeras il mangera n. mangerons v. mangerez ils mangeront
6. acheter 買う achetant acheté	j' achète tu achètes il achète n. achetons v. achetez ils achètent	j' achetais tu achetais il achetait n. achetions v. achetiez ils achetaient	j' achetai tu achetas il acheta n. achetâmes v. achetâtes ils achetèrent	j' achèterai tu achèteras il achètera n. achèterons v. achèterez ils achèteront
7. appeler 呼ぶ appelant appelé	j' appelle tu appelles il appelle n. appelons v. appelez ils appellent	j' appelais tu appelais il appelait n. appelions v. appeliez ils appelaient	j' appelai tu appelas il appela n. appelâmes v. appelâtes ils appelèrent	j' appellerai tu appelleras il appellera n. appellerons v. appellerez ils appelleront
8. préférer より好む préférant préféré	je préfère tu préfères il préfère n. préférons v. préférez ils préfèrent	je préférais tu préférais il préférait n. préférions v. préfériez ils préféraient	je préférai tu préféras il préféra n. préférâmes v. préférâtes ils préférèrent	je préférerai tu préféreras il préférera n. préférerons v. préférerez ils préféreront

条 件 法	接 続 法		命 令 法	同型活用の動詞 (注意)
現 在	現 在	半 過 去	現 在	
j' aurais tu aurais il aurait n. aurions v. auriez ils auraient	j' aie tu aies il ait n. ayons v. ayez ils aient	j' eusse tu eusses il eût n. eussions v. eussiez ils eussent	aie ayons ayez	
je serais tu serais il serait n. serions v. seriez ils seraient	je sois tu sois il soit n. soyons v. soyez ils soient	je fusse tu fusses il fût n. fussions v. fussiez ils fussent	sois soyons soyez	
je parlerais tu parlerais il parlerait n. parlerions v. parleriez ils parleraient	je parle tu parles il parle n. parlions v. parliez ils parlent	je parlasse tu parlasses il parlât n. parlassions v. parlassiez ils parlassent	parle parlons parlez	第1群規則動詞 （4型～10型をのぞく）
je placerais tu placerais il placerait n. placerions v. placeriez ils placeraient	je place tu places il place n. placions v. placiez ils placent	je plaçasse tu plaçasses il plaçât n. plaçassions v. plaçassiez ils plaçassent	place plaçons placez	—cer の動詞 annoncer, avancer, commencer, effacer, renoncer など. (a, o の前で c → ç)
je mangerais tu mangerais il mangerait n. mangerions v. mangeriez ils mangeraient	je mange tu manges il mange n. mangions v. mangiez ils mangent	je mangeasse tu mangeasses il mangeât n. mangeassions v. mangeassiez ils mangeassent	mange mangeons mangez	—ger の動詞 arranger, changer, charger, engager, nager, obliger など. (a, o の前で g → ge)
j' achèterais tu achèterais il achèterait n. achèterions v. achèteriez ils achèteraient	j' achète tu achètes il achète n. achetions v. achetiez ils achètent	j' achetasse tu achetasses il achetât n. achetassions v. achetassiez ils achetassent	achète achetons achetez	—e＋子音＋er の動詞 achever, lever, mener など. (7型をのぞく. e muet を 含む音節の前で e → è)
j' appellerais tu appellerais il appellerait n. appellerions v. appelleriez ils appelleraient	j' appelle tu appelles il appelle n. appelions v. appeliez ils appellent	j' appelasse tu appelasses il appelât n. appelassions v. appelassiez ils appelassent	appelle appelons appelez	—eter, —eler の動詞 jeter, rappeler など. (6型のものもある. e muet の前で t, l を重ね る)
je préférerais tu préférerais il préférerait n. préférerions v. préféreriez ils préféreraient	je préfère tu préfères il préfère n. préférions v. préfériez ils préfèrent	je préférasse tu préférasses il préférât n. préférassions v. préférassiez ils préférassent	préfère préférons préférez	—é＋子音＋er の動詞 céder, espérer, opérer, répéter など. (e muet を含む語末音節 の前で é → è)

不 定 形 分 詞 形	直　　説　　法			
	現　　在	半　過　去	単　純　過　去	単　純　未　来
9. employer 使う employant employé	j'　emploie tu　emploies il　emploie n.　employons v.　employez ils　emploient	j'　employais tu　employais il　employait n.　employions v.　employiez ils　employaient	j'　employai tu　employas il　employa n.　employâmes v.　employâtes ils　employèrent	j'　emploierai tu　emploieras il　emploiera n.　emploierons v.　emploierez ils　emploieront
10. envoyer 送る envoyant envoyé	j'　envoie tu　envoies il　envoie n.　envoyons v.　envoyez ils　envoient	j'　envoyais tu　envoyais il　envoyait n.　envoyions v.　envoyiez ils　envoyaient	j'　envoyai tu　envoyas il　envoya n.　envoyâmes v.　envoyâtes ils　envoyèrent	j'　enverrai tu　enverras il　enverra n.　enverrons v.　enverrez ils　enverront
11. aller 行く allant allé	je　vais tu　vas il　va n.　allons v.　allez ils　vont	j'　allais tu　allais il　allait n.　allions v.　alliez ils　allaient	j'　allai tu　allas il　alla n.　allâmes v.　allâtes ils　allèrent	j'　irai tu　iras il　ira n.　irons v.　irez ils　iront
12. finir 終える finissant fini	je　finis tu　finis il　finit n.　finissons v.　finissez ils　finissent	je　finissais tu　finissais il　finissait n.　finissions v.　finissiez ils　finissaient	je　finis tu　finis il　finit n.　finîmes v.　finîtes ils　finirent	je　finirai tu　finiras il　finira n.　finirons v.　finirez ils　finiront
13. sortir 出かける sortant sorti	je　sors tu　sors il　sort n.　sortons v.　sortez ils　sortent	je　sortais tu　sortais il　sortait n.　sortions v.　sortiez ils　sortaient	je　sortis tu　sortis il　sortit n.　sortîmes v.　sortîtes ils　sortirent	je　sortirai tu　sortiras il　sortira n.　sortirons v.　sortirez ils　sortiront
14. courir 走る courant couru	je　cours tu　cours il　court n.　courons v.　courez ils　courent	je　courais tu　courais il　courait n.　courions v.　couriez ils　couraient	je　courus tu　courus il　courut n.　courûmes v.　courûtes ils　coururent	je　courrai tu　courras il　courra n.　courrons v.　courrez ils　courront
15. fuir 逃げる fuyant fui	je　fuis tu　fuis il　fuit n.　fuyons v.　fuyez ils　fuient	je　fuyais tu　fuyais il　fuyait n.　fuyions v.　fuyiez ils　fuyaient	je　fuis tu　fuis il　fuit n.　fuîmes v.　fuîtes ils　fuirent	je　fuirai tu　fuiras il　fuira n.　fuirons v.　fuirez ils　fuiront
16. mourir 死ぬ mourant mort	je　meurs tu　meurs il　meurt n.　mourons v.　mourez ils　meurent	je　mourais tu　mourais il　mourait n.　mourions v.　mouriez ils　mouraient	je　mourus tu　mourus il　mourut n.　mourûmes v.　mourûtes ils　moururent	je　mourrai tu　mourras il　mourra n.　mourrons v.　mourrez ils　mourront

条　件　法	接　続　法		命　令　法	同型活用の動詞
現　在	現　在	半　過　去	現　在	（注意）
j' emploierais tu emploierais il emploierait n. emploierions v. emploieriez ils emploieraient	j' emploie tu emploies il emploie n. employions v. employiez ils emploient	j' employasse tu employasses il employât n. employassions v. employassiez ils employassent	emploie employons employez	—oyer, —uyer, —ayer の動詞 (e muet の前で y → i. —ayer は 3 型でもよい. また envoyer → 10)
j' enverrais tu enverrais il enverrait n. enverrions v. enverriez ils enverraient	j' envoie tu envoies il envoie n. envoyions v. envoyiez ils envoient	j' envoyasse tu envoyasses il envoyât n. envoyassions v. envoyassiez ils envoyassent	envoie envoyons envoyez	renvoyer (未来，条・現のみ 9 型と ことなる)
j' irais tu irais il irait n. irions v. iriez ils iraient	j' aille tu ailles il aille n. allions v. alliez ils aillent	j' allasse tu allasses il allât n. allassions v. allassiez ils allassent	va allons allez	
je finirais tu finirais il finirait n. finirions v. finiriez ils finiraient	je finisse tu finisses il finisse n. finissions v. finissiez ils finissent	je finisse tu finisses il finît n. finissions v. finissiez ils finissent	finis finissons finissez	第 2 群規則動詞
je sortirais tu sortirais il sortirait n. sortirions v. sortiriez ils sortiraient	je sorte tu sortes il sorte n. sortions v. sortiez ils sortent	je sortisse tu sortisses il sortît n. sortissions v. sortissiez ils sortissent	sors sortons sortez	partir, dormir, endormir, se repentir, sentir, servir
je courrais tu courrais il courrait n. courrions v. courriez ils courraient	je coure tu coures il coure n. courions v. couriez ils courent	je courusse tu courusses il courût n. courussions v. courussiez ils courussent	cours courons courez	accourir, parcourir, secourir
je fuirais tu fuirais il fuirait n. fuirions v. fuiriez ils fuiraient	je fuie tu fuies il fuie n. fuyions v. fuyiez ils fuient	je fuisse tu fuisses il fuît n. fuissions v. fuissiez ils fuissent	fuis fuyons fuyez	s'enfuir
je mourrais tu mourrais il mourrait n. mourrions v. mourriez ils mourraient	je meure tu meures il meure n. mourions v. mouriez ils meurent	je mourusse tu mourusses il mourût n. mourussions v. mourussiez ils mourussent	meurs mourons mourez	

不定形 分詞形	直　説　法			
	現　在	半　過　去	単純過去	単純未来
17. venir 来る venant venu	je viens tu viens il vient n. venons v. venez ils viennent	je venais tu venais il venait n. venions v. veniez ils venaient	je vins tu vins il vint n. vînmes v. vîntes ils vinrent	je viendrai tu viendras il viendra n. viendrons v. viendrez ils viendront
18. offrir 贈る offrant offert	j' offre tu offres il offre n. offrons v. offrez ils offrent	j' offrais tu offrais il offrait n. offrions v. offriez ils offraient	j' offris tu offris il offrit n. offrîmes v. offrîtes ils offrirent	j' offrirai tu offriras il offrira n. offrirons v. offrirez ils offriront
19. descendre 降りる descendant descendu	je descends tu descends il descend n. descendons v. descendez ils descendent	je descendais tu descendais il descendait n. descendions v. descendiez ils descendaient	je descendis tu descendis il descendit n. descendîmes v. descendîtes ils descendirent	je descendrai tu descendras il descendra n. descendrons v. descendrez ils descendront
20. mettre 置く mettant mis	je mets tu mets il met n. mettons v. mettez ils mettent	je mettais tu mettais il mettait n. mettions v. mettiez ils mettaient	je mis tu mis il mit n. mîmes v. mîtes ils mirent	je mettrai tu mettras il mettra n. mettrons v. mettrez ils mettront
21. battre 打つ battant battu	je bats tu bats il bat n. battons v. battez ils battent	je battais tu battais il battait n. battions v. battiez ils battaient	je battis tu battis il battit n. battîmes v. battîtes ils battirent	je battrai tu battras il battra n. battrons v. battrez ils battront
22. suivre ついて行く suivant suivi	je suis tu suis il suit n. suivons v. suivez ils suivent	je suivais tu suivais il suivait n. suivions v. suiviez ils suivaient	je suivis tu suivis il suivit n. suivîmes v. suivîtes ils suivirent	je suivrai tu suivras il suivra n. suivrons v. suivrez ils suivront
23. vivre 生きる vivant vécu	je vis tu vis il vit n. vivons v. vivez ils vivent	je vivais tu vivais il vivait n. vivions v. viviez ils vivaient	je vécus tu vécus il vécut n. vécûmes v. vécûtes ils vécurent	je vivrai tu vivras il vivra n. vivrons v. vivrez ils vivront
24. écrire 書く écrivant écrit	j' écris tu écris il écrit n. écrivons v. écrivez ils écrivent	j' écrivais tu écrivais il écrivait n. écrivions v. écriviez ils écrivaient	j' écrivis tu écrivis il écrivit n. écrivîmes v. écrivîtes ils écrivirent	j' écrirai tu écriras il écrira n. écrirons v. écrirez ils écriront

条　件　法		接　　続　　法			命　令　法	同型活用の動詞
現　　在		現　　　　在		半　過　去	現　　在	（注意）
je	viendrais	je	vienne	je	vinsse		convenir, devenir,
tu	viendrais	tu	viennes	tu	vinsses	viens	provenir, revenir,
il	viendrait	il	vienne	il	vînt		se souvenir ;
n.	viendrions	n.	venions	n.	vinssions	venons	tenir, appartenir,
v.	viendriez	v.	veniez	v.	vinssiez	venez	maintenir, obtenir,
ils	viendraient	ils	viennent	ils	vinssent		retenir, soutenir
j'	offrirais	j'	offre	j'	offrisse		couvrir, découvrir,
tu	offrirais	tu	offres	tu	offrisses	offre	ouvrir, souffrir
il	offrirait	il	offre	il	offrît		
n.	offririons	n.	offrions	n.	offrissions	offrons	
v.	offririez	v.	offriez	v.	offrissiez	offrez	
ils	offriraient	ils	offrent	ils	offrissent		
je	descendrais	je	descende	je	descendisse		attendre, défendre,
tu	descendrais	tu	descendes	tu	descendisses	descends	rendre, entendre,
il	descendrait	il	descende	il	descendît		perdre, prétendre,
n.	descendrions	n.	descendions	n.	descendissions	descendons	répondre, tendre,
v.	descendriez	v.	descendiez	v.	descendissiez	descendez	vendre
ils	descendraient	ils	descendent	ils	descendissent		
je	mettrais	je	mette	je	misse		admettre, commettre,
tu	mettrais	tu	mettes	tu	misses	mets	permettre, promettre,
il	mettrait	il	mette	il	mît		remettre, soumettre
n.	mettrions	n.	mettions	n.	missions	mettons	
v.	mettriez	v.	mettiez	v.	missiez	mettez	
ils	mettraient	ils	mettent	ils	missent		
je	battrais	je	batte	je	battisse		abattre, combattre
tu	battrais	tu	battes	tu	battisses	bats	
il	battrait	il	batte	il	battît		
n.	battrions	n.	battions	n.	battissions	battons	
v.	battriez	v.	battiez	v.	battissiez	battez	
ils	battraient	ils	battent	ils	battissent		
je	suivrais	je	suive	je	suivisse		poursuivre
tu	suivrais	tu	suives	tu	suivisses	suis	
il	suivrait	il	suive	il	suivît		
n.	suivrions	n.	suivions	n.	suivissions	suivons	
v.	suivriez	v.	suiviez	v.	suivissiez	suivez	
ils	suivraient	ils	suivent	ils	suivissent		
je	vivrais	je	vive	je	vécusse		
tu	vivrais	tu	vives	tu	vécusses	vis	
il	vivrait	il	vive	il	vécût		
n.	vivrions	n.	vivions	n.	vécussions	vivons	
v.	vivriez	v.	viviez	v.	vécussiez	vivez	
ils	vivraient	ils	vivent	ils	vécussent		
j'	écrirais	j'	écrive	j'	écrivisse		décrire, inscrire
tu	écrirais	tu	écrives	tu	écrivisses	écris	
il	écrirait	il	écrive	il	écrivît		
n.	écririons	n.	écrivions	n.	écrivissions	écrivons	
v.	écririez	v.	écriviez	v.	écrivissiez	écrivez	
ils	écriraient	ils	écrivent	ils	écrivissent		

不 定 形 分 詞 形	直 説 法			
	現　　在	半　過　去	単純過去	単純未来
25. connaître 知っている connaissant connu	je connais tu connais il connaît n. connaissons v. connaissez ils connaissent	je connaissais tu connaissais il connaissait n. connaissions v. connaissiez ils connaissaient	je connus tu connus il connut n. connûmes v. connûtes ils connurent	je connaîtrai tu connaîtras il connaîtra n. connaîtrons v. connaîtrez ils connaîtront
26. naître 生まれる naissant né	je nais tu nais il naît n. naissons v. naissez ils naissent	je naissais tu naissais il naissait n. naissions v. naissiez ils naissaient	je naquis tu naquis il naquit n. naquîmes v. naquîtes ils naquirent	je naîtrai tu naîtras il naîtra n. naîtrons v. naîtrez ils naîtront
27. conduire みちびく conduisant conduit	je conduis tu conduis il conduit n. conduisons v. conduisez ils conduisent	je conduisais tu conduisais il conduisait n. conduisions v. conduisiez ils conduisaient	je conduisis tu conduisis il conduisit n. conduisîmes v. conduisîtes ils conduisirent	je conduirai tu conduiras il conduira n. conduirons v. conduirez ils conduiront
28. suffire 足りる suffisant suffi	je suffis tu suffis il suffit n. suffisons v. suffisez ils suffisent	je suffisais tu suffisais il suffisait n. suffisions v. suffisiez ils suffisaient	je suffis tu suffis il suffit n. suffîmes v. suffîtes ils suffirent	je suffirai tu suffiras il suffira n. suffirons v. suffirez ils suffiront
29. lire 読む lisant lu	je lis tu lis il lit n. lisons v. lisez ils lisent	je lisais tu lisais il lisait n. lisions v. lisiez ils lisaient	je lus tu lus il lut n. lûmes v. lûtes ils lurent	je lirai tu liras il lira n. lirons v. lirez ils liront
30. plaire 気に入る plaisant plu	je plais tu plais il plaît n. plaisons v. plaisez ils plaisent	je plaisais tu plaisais il plaisait n. plaisions v. plaisiez ils plaisaient	je plus tu plus il plut n. plûmes v. plûtes ils plurent	je plairai tu plairas il plaira n. plairons v. plairez ils plairont
31. dire 言う disant dit	je dis tu dis il dit n. disons v. dites ils disent	je disais tu disais il disait n. disions v. disiez ils disaient	je dis tu dis il dit n. dîmes v. dîtes ils dirent	je dirai tu diras il dira n. dirons v. direz ils diront
32. faire する faisant [fəzɑ̃] fait	je fais tu fais il fait n. faisons [fəzɔ̃] v. faites ils font	je faisais [fəzɛ] tu faisais il faisait n. faisions v. faisiez ils faisaient	je fis tu fis il fit n. fîmes v. fîtes ils firent	je ferai tu feras il fera n. ferons v. ferez ils feront

条 件 法	接 続 法		命 令 法	同型活用の動詞 （注意）
現 在	現 在	半 過 去	現 在	
je connaîtrais tu connaîtrais il connaîtrait n. connaîtrions v. connaîtriez ils connaîtraient	je connaisse tu connaisses il connaisse n. connaissions v. connaissiez ils connaissent	je connusse tu connusses il connût n. connussions v. connussiez ils connussent	connais connaissons connaissez	reconnaître ; paraître, apparaître, disparaître （t の前で i → î）
je naîtrais tu naîtrais il naîtrait n. naîtrions v. naîtriez ils naîtraient	je naisse tu naisses il naisse n. naissions v. naissiez ils naissent	je naquisse tu naquisses il naquît n. naquissions v. naquissiez ils naquissent	nais naissons naissez	renaître （t の前で i → î）
je conduirais tu conduirais il conduirait n. conduirions v. conduiriez ils conduiraient	je conduise tu conduises il conduise n. conduisions v. conduisiez ils conduisent	je conduisisse tu conduisisses il conduisît n. conduisissions v. conduisissiez ils conduisissent	conduis conduisons conduisez	introduire, produire, traduire ; construire, détruire
je suffirais tu suffirais il suffirait n. suffirions v. suffiriez ils suffiraient	je suffise tu suffises il suffise n. suffisions v. suffisiez ils suffisent	je suffisse tu suffisses il suffît n. suffissions v. suffissiez ils suffissent	suffis suffisons suffisez	
je lirais tu lirais il lirait n. lirions v. liriez ils liraient	je lise tu lises il lise n. lisions v. lisiez ils lisent	je lusse tu lusses il lût n. lussions v. lussiez ils lussent	lis lisons lisez	élire, relire
je plairais tu plairais il plairait n. plairions v. plairiez ils plairaient	je plaise tu plaises il plaise n. plaisions v. plaisiez ils plaisent	je plusse tu plusses il plût n. plussions v. plussiez ils plussent	plais plaisons plaisez	déplaire, taire （ただし taire の直・現・ 3 人称単数 il tait）
je dirais tu dirais il dirait n. dirions v. diriez ils diraient	je dise tu dises il dise n. disions v. disiez ils disent	je disse tu disses il dît n. dissions v. dissiez ils dissent	dis disons dites	redire
je ferais tu ferais il ferait n. ferions v. feriez ils feraient	je fasse tu fasses il fasse n. fassions v. fassiez ils fassent	je fisse tu fisses il fît n. fissions v. fissiez ils fissent	fais faisons faites	défaire, refaire, satisfaire

不 定 形 分 詞 形	直　説　法			
	現　　在	半　過　去	単　純　過　去	単　純　未　来
33. rire 笑う riant ri	je ris tu ris il rit n. rions v. riez ils rient	je riais tu riais il riait n. riions v. riiez ils riaient	je ris tu ris il rit n. rîmes v. rîtes ils rirent	je rirai tu riras il rira n. rirons v. rirez ils riront
34. croire 信じる croyant cru	je crois tu crois il croit n. croyons v. croyez ils croient	je croyais tu croyais il croyait n. croyions v. croyiez ils croyaient	je crus tu crus il crut n. crûmes v. crûtes ils crurent	je croirai tu croiras il croira n. croirons v. croirez ils croiront
35. craindre おそれる craignant craint	je crains tu crains il craint n. craignons v. craignez ils craignent	je craignais tu craignais il craignait n. craignions v. craigniez ils craignaient	je craignis tu craignis il craignit n. craignîmes v. craignîtes ils craignirent	je craindrai tu craindras il craindra n. craindrons v. craindrez ils craindront
36. prendre とる prenant pris	je prends tu prends il prend n. prenons v. prenez ils prennent	je prenais tu prenais il prenait n. prenions v. preniez ils prenaient	je pris tu pris il prit n. prîmes v. prîtes ils prirent	je prendrai tu prendras il prendra n. prendrons v. prendrez ils prendront
37. boire 飲む buvant bu	je bois tu bois il boit n. buvons v. buvez ils boivent	je buvais tu buvais il buvait n. buvions v. buviez ils buvaient	je bus tu bus il but n. bûmes v. bûtes ils burent	je boirai tu boiras il boira n. boirons v. boirez ils boiront
38. voir 見る voyant vu	je vois tu vois il voit n. voyons v. voyez ils voient	je voyais tu voyais il voyait n. voyions v. voyiez ils voyaient	je vis tu vis il vit n. vîmes v. vîtes ils virent	je verrai tu verras il verra n. verrons v. verrez ils verront
39. asseoir 座らせる asseyant assoyant assis	j' assieds tu assieds il assied n. asseyons v. asseyez ils asseyent	j' asseyais tu asseyais il asseyait n. asseyions v. asseyiez ils asseyaient	j' assis tu assis il assit n. assîmes v. assîtes ils assirent	j' assiérai tu assiéras il assiéra n. assiérons v. assiérez ils assiéront
	j' assois tu assois il assoit n. assoyons v. assoyez ils assoient	j' assoyais tu assoyais il assoyait n. assoyions v. assoyiez ils assoyaient		j' assoirai tu assoiras il assoira n. assoirons v. assoirez ils assoiront

条　件　法	接　続　法		命　令　法	同型活用の動詞 （注意）
現　在	現　在	半　過　去	現　在	
je　rirais tu　rirais il　rirait n.　ririons v.　ririez ils　riraient	je　rie tu　ries il　rie n.　riions v.　riiez ils　rient	je　risse tu　risses il　rît n.　rissions v.　rissiez ils　rissent	ris rions riez	sourire
je　croirais tu　croirais il　croirait n.　croirions v.　croiriez ils　croiraient	je　croie tu　croies il　croie n.　croyions v.　croyiez ils　croient	je　crusse tu　crusses il　crût n.　crussions v.　crussiez ils　crussent	crois croyons croyez	
je　craindrais tu　craindrais il　craindrait n.　craindrions v.　craindriez ils　craindraient	je　craigne tu　craignes il　craigne n.　craignions v.　craigniez ils　craignent	je　craignisse tu　craignisses il　craignît n.　craignissions v.　craignissiez ils　craignissent	crains craignons craignez	plaindre ; atteindre, éteindre, peindre; joindre, rejoindre
je　prendrais tu　prendrais il　prendrait n.　prendrions v.　prendriez ils　prendraient	je　prenne tu　prennes il　prenne n.　prenions v.　preniez ils　prennent	je　prisse tu　prisses il　prît n.　prissions v.　prissiez ils　prissent	prends prenons prenez	apprendre, comprendre, surprendre
je　boirais tu　boirais il　boirait n.　boirions v.　boiriez ils　boiraient	je　boive tu　boives il　boive n.　buvions v.　buviez ils　boivent	je　busse tu　busses il　bût n.　bussions v.　bussiez ils　bussent	bois buvons buvez	
je　verrais tu　verrais il　verrait n.　verrions v.　verriez ils　verraient	je　voie tu　voies il　voie n.　voyions v.　voyiez ils　voient	je　visse tu　visses il　vît n.　vissions v.　vissiez ils　vissent	vois voyons voyez	revoir
j'　assiérais tu　assiérais il　assiérait n.　assiérions v.　assiériez ils　assiéraient	j'　asseye tu　asseyes il　asseye n.　asseyions v.　asseyiez ils　asseyent	j'　assisse tu　assisses il　assît n.　assissions v.　assissiez ils　assissent	assieds asseyons asseyez	（代名動詞 s'asseoir として用いられることが多い. 下段は俗語調）
j'　assoirais tu　assoirais il　assoirait n.　assoirions v.　assoiriez ils　assoiraient	j'　assoie tu　assoies il　assoie n.　assoyions v.　assoyiez ils　assoient		assois assoyons assoyez	

不定形 分詞形	直　　説　　法			
	現　　在	半　過　去	単　純　過　去	単　純　未　来
40. recevoir 受取る recevant reçu	je reçois tu reçois il reçoit n. recevons v. recevez ils reçoivent	je recevais tu recevais il recevait n. recevions v. receviez ils recevaient	je reçus tu reçus il reçut n. reçûmes v. reçûtes ils reçurent	je recevrai tu recevras il recevra n. recevrons v. recevrez ils recevront
41. devoir ねばならぬ devant dû, due dus, dues	je dois tu dois il doit n. devons v. devez ils doivent	je devais tu devais il devait n. devions v. deviez ils devaient	je dus tu dus il dut n. dûmes v. dûtes ils durent	je devrai tu devras il devra n. devrons v. devrez ils devront
42. pouvoir できる pouvant pu	je peux (puis) tu peux il peut n. pouvons v. pouvez ils peuvent	je pouvais tu pouvais il pouvait n. pouvions v. pouviez ils pouvaient	je pus tu pus il put n. pûmes v. pûtes ils purent	je pourrai tu pourras il pourra n. pourrons v. pourrez ils pourront
43. vouloir のぞむ voulant voulu	je veux tu veux il veut n. voulons v. voulez ils veulent	je voulais tu voulais il voulait n. voulions v. vouliez ils voulaient	je voulus tu voulus il voulut n. voulûmes v. voulûtes ils voulurent	je voudrai tu voudras il voudra n. voudrons v. voudrez ils voudront
44. savoir 知っている sachant su	je sais tu sais il sait n. savons v. savez ils savent	je savais tu savais il savait n. savions v. saviez ils savaient	je sus tu sus il sut n. sûmes v. sûtes ils surent	je saurai tu sauras il saura n. saurons v. saurez ils sauront
45. valoir 価値がある valant valu	je vaux tu vaux il vaut n. valons v. valez ils valent	je valais tu valais il valait n. valions v. valiez ils valaient	je valus tu valus il valut n. valûmes v. valûtes ils valurent	je vaudrai tu vaudras il vaudra n. vaudrons v. vaudrez ils vaudront
46. falloir 必要である — fallu	il faut	il fallait	il fallut	il faudra
47. pleuvoir 雨が降る pleuvant plu	il pleut	il pleuvait	il plut	il pleuvra

条 件 法	接 続 法		命 令 法	同型活用の動詞
現　在	現　在	半　過　去	現　在	（注意）
je recevrais tu recevrais il recevrait n. recevrions v. recevriez ils recevraient	je reçoive tu reçoives il reçoive n. recevions v. receviez ils reçoivent	je reçusse tu reçusses il reçût n. reçussions v. reçussiez ils reçussent	reçois recevons recevez	apercevoir, concevoir
je devrais tu devrais il devrait n. devrions v. devriez ils devraient	je doive tu doives il doive n. devions v. deviez ils doivent	je dusse tu dusses il dût n. dussions v. dussiez ils dussent		（過去分詞は du＝de＋ le と区別するために男 性単数のみ dû と綴る）
je pourrais tu pourrais il pourrait n. pourrions v. pourriez ils pourraient	je puisse tu puisses il puisse n. puissions v. puissiez ils puissent	je pusse tu pusses il pût n. pussions v. pussiez ils pussent		
je voudrais tu voudrais il voudrait n. voudrions v. voudriez ils voudraient	je veuille tu veuilles il veuille n. voulions v. vouliez ils veuillent	je voulusse tu voulusses il voulût n. voulussions v. voulussiez ils voulussent	veuille veuillons veuillez	
je saurais tu saurais il saurait n. saurions v. sauriez ils sauraient	je sache tu saches il sache n. sachions v. sachiez ils sachent	je susse tu susses il sût n. sussions v. sussiez ils sussent	sache sachons sachez	
je vaudrais tu vaudrais il vaudrait n. vaudrions v. vaudriez ils vaudraient	je vaille tu vailles il vaille n. valions v. valiez ils vaillent	je valusse tu valusses il valût n. valussions v. valussiez ils valussent		
il faudrait	il faille	il fallût		
il pleuvrait	il pleuve	il plût		

『新・フランス語文法』著者

井元秀剛[*]	林 千宏[*]	春木仁孝	北村 卓
岡田友和[*]	三藤 博[*]	岩根 久	和田章男
篠原 学[*]	山上浩嗣[*]	金﨑春幸	柏木隆雄
高橋克欣[*]	渡辺貴規子[*]	木内良行	髙岡幸一
Éric Avocat[*]	Benjamin Salagnon[*]		

（[*]は四訂版著者）

新・フランス語文法　四訂版

検印省略	© 2003 年 4 月 1 日　　　　初 版 発 行
	2011 年 3 月 31日　　　第 6 刷 発 行
	2013 年 1 月 15日　新訂版初版 発行
	2016 年 3 月 31日　　　第 3 刷 発 行
	2017 年 1 月 15日　三訂版初版 発行
	2022 年 1 月 30日　　　第 5 刷 発 行
	2023 年 1 月 30日　四訂版初版 発行

著者　　　　大阪大学『新・フランス語文法』
　　　　　　編纂部会

発行者　　　　　　　　　　　　小川　洋一郎
発行所　　　　　株式会社　朝日出版社
　　　　　〒101-0065　東京都千代田区西神田3-3-5
　　　　　　　　電話(03)3239-0271·72(直通)
　　　　　　　　振替口座 東京 00140-2-46008
　　　　　　　　　　　　クロス・コンサルティング

乱丁，落丁本はお取り替えいたします。
ISBN 978-4-255-35338-8 C1085
https://www.asahipress.com